Schöningh
westermann

EinFach Deutsch

Stefan Zweig

Schachnovelle

Erarbeitet von
Stefan Volk

Herausgegeben von
Johannes Diekhans

Der Text folgt im Wortlaut der Ausgabe des Fischer Taschenbuch Verlages (Frankfurt) von 1974.
Diese folgt dem Originaltyposkript.
Die Schreibung wurde behutsam den geltenden Regeln angepasst.

westermann GRUPPE

Druck A² / Jahr 2019
Alle Drucke der Serie A sind im Unterricht parallel verwendbar.

Umschlaggestaltung: Jennifer Kirchhof
Druck und Bindung: Westermann Druck GmbH, Braunschweig

ISBN 978-3-14-**022680**-6

Stefan Zweig: Schachnovelle

Auf dem großen Passagierdampfer, der um Mitternacht von New York nach Buenos Aires abgehen sollte, herrschte die übliche Geschäftigkeit und Bewegung der letzten Stunde. Gäste vom Land drängten durcheinander, um ihren Freunden das Geleit zu geben, Telegrafenboys[1] mit schiefen Mützen schossen Namen ausrufend durch die Gesellschaftsräume, Koffer und Blumen wurden geschleppt, Kinder liefen neugierig treppauf und treppab, während das Orchester unerschütterlich zur Deck-show[2] spielte. Ich stand im Gespräch mit einem Bekannten etwas abseits von diesem Getümmel auf dem Promenadendeck[3], als neben uns zwei- oder dreimal Blitzlicht scharf aufsprühte – anscheinend war irgendein Prominenter knapp vor der Abfahrt noch rasch von Reportern interviewt und fotografiert worden. Mein Freund blickte hin und lächelte. „Sie haben da einen raren Vogel an Bord, den Czentovic." Und da ich offenbar ein ziemlich verständnisloses Gesicht zu dieser Mitteilung machte, fügte er erklärend bei: „Mirko Czentovic, der Weltschachmeister. Er hat ganz Amerika von Ost nach West mit Turnierspielen abgeklappert und fährt jetzt zu neuen Triumphen nach Argentinien."

In der Tat erinnerte ich mich nun dieses jungen Weltmeisters und sogar einiger Einzelheiten im Zusammenhang mit seiner raketenhaften Karriere; mein Freund, ein aufmerksamerer Zeitungsleser als ich, konnte sie mit einer ganzen Reihe von Anekdoten ergänzen. Czentovic hatte sich vor etwa einem Jahr mit einem Schlage neben die bewährtesten Altmeister der Schachkunst, wie Aljechin, Capablanca, Tartakower, Lasker, Bogoljubow,[4] gestellt;

---

[1] Telegrammboten

[2] (engl.) musik. Unterhaltungsprogramm auf dem Oberdeck eines Passagierschiffes

[3] höher gelegenes, offenes Deck eines Passagierschiffes für den Aufenthalt im Freien; promenieren: spazieren gehen

[4] Alexander Aljechin (1892–1946): russischer Schachweltmeister (1927–35, 1937–46); José Raúl Capablanca y Graupera (1888–1942): kubanischer Schachweltmeister (1921–27); Savielly Grigoriewitsch Tartakower (1887–1956): polnisch-französischer Schachgroßmeister; Emanuel Lasker (1868–1941): bisher einziger deutscher Schachweltmeister (1894-1921), ging 1933 aufgrund seiner jüdischen Herkunft ins Exil; Efim Dmitrijewitsch Bogoljubow (1889–1952): ukrainisch-deutscher Schachgroßmeister

seit dem Auftreten des siebenjährigen Wunderkindes Rzecewski[1] bei dem Schachturnier 1922 in New York hatte noch nie der Einbruch eines völlig Unbekannten in die ruhmreiche Gilde derart allgemeines Aufsehen erregt. Denn Czentovics intellektuelle Eigenschaften schienen ihm keineswegs solch eine blendende Karriere von vornherein zu weissagen. Bald sickerte das Geheimnis durch, dass dieser Schachmeister in seinem Privatleben außerstande war, in irgendeiner Sprache einen Satz ohne orthografischen[2] Fehler zu schreiben, und wie einer seiner verärgerten Kollegen ingrimmig spottete, „seine Unbildung war auf allen Gebieten gleich universell“. Sohn eines blutarmen südslawischen Donauschiffers, dessen winzige Barke[3] eines Nachts von einem Getreidedampfer überrannt wurde, war der damals Zwölfjährige nach dem Tode seines Vaters vom Pfarrer des abgelegenen Ortes aus Mitleid aufgenommen worden, und der gute Pater bemühte sich redlich, durch häusliche Nachhilfe wettzumachen, was das maulfaule, dumpfe, breitstirnige Kind in der Dorfschule nicht zu erlernen vermochte.

Aber die Anstrengungen blieben vergeblich. Mirko starrte die schon hundertmal ihm erklärten Schriftzeichen immer wieder fremd an, auch für die simpelsten Unterrichtsgegenstände fehlte seinem schwerfällig arbeitenden Gehirn jede festhaltende Kraft. Wenn er rechnen sollte, musste er noch mit vierzehn Jahren jedesmal die Finger zu Hilfe nehmen, und ein Buch oder eine Zeitung zu lesen bedeutete für den schon halbwüchsigen Jungen noch besondere Anstrengung. Dabei konnte man Mirko keineswegs unwillig oder widerspenstig nennen. Er tat gehorsam, was man ihm gebot, holte Wasser, spaltete Holz, arbeitete mit auf dem Felde, räumte die Küche auf und erledigte verlässlich, wenn auch mit verärgernder Langsamkeit, jeden geforderten Dienst. Was den guten Pfarrer aber an dem querköpfigen Knaben am meisten ver-

---

1 Samuel Herman Reshevsky (1911–92): polnisch-amerikanischer Schachmeister, galt als Wunderkind, schlug bereits als Achtjähriger anerkannte erwachsene Schachspieler. Im Oktober 1922 gab er beim New York Masters im Alter von zehn (nicht sieben!) Jahren sein Turnierdebüt.

2 orthografisch: die Rechtschreibung betreffend

3 kleines Ruderboot

dross, war seine totale Teilnahmslosigkeit. Er tat nichts ohne besondere Aufforderung, stellte nie eine Frage, spielte nicht mit anderen Burschen und suchte von selbst keine Beschäftigung, sofern man sie nicht ausdrücklich anordnete; sobald Mirko die Verrichtungen des Haushalts erledigt hatte, saß er stur im Zimmer herum mit jenem leeren Blick, wie ihn Schafe auf der Weide haben, ohne an den Geschehnissen rings um ihn den geringsten Anteil zu nehmen. Während der Pfarrer abends, die lange Bauernpfeife schmauchend, mit dem Gendarmeriewachtmeister seine üblichen drei Schachpartien spielte, hockte der blondsträhnige Bursche stumm daneben und starrte unter seinen schweren Lidern anscheinend schläfrig und gleichgültig auf das karierte Brett.

Eines Winterabends klingelten, während die beiden Partner in ihre tägliche Partie vertieft waren, von der Dorfstraße her die Glöckchen eines Schlittens rasch und immer rascher heran. Ein Bauer, die Mütze mit Schnee überstäubt, stapfte hastig herein, seine alte Mutter läge im Sterben, und der Pfarrer möge eilen, ihr noch rechtzeitig die letzte Ölung zu erteilen. Ohne zu zögern folgte ihm der Priester. Der Gendarmeriewachtmeister, der sein Glas Bier noch nicht ausgetrunken hatte, zündete sich zum Abschied eine neue Pfeife an und bereitete sich eben vor, die schweren Schaftstiefel anzuziehen, als ihm auffiel, wie unentwegt der Blick Mirkos auf dem Schachbrett mit der angefangenen Partie haftete.

„Na, willst du sie zu Ende spielen?“, spaßte er, vollkommen überzeugt, dass der schläfrige Junge nicht einen einzigen Stein auf dem Brett richtig zu rücken verstünde. Der Knabe starrte scheu auf, nickte dann und setzte sich auf den Platz des Pfarrers. Nach vierzehn Zügen war der Gendarmeriewachtmeister geschlagen und musste zudem eingestehen, dass keineswegs ein versehentlich nachlässiger Zug seine Niederlage verschuldet habe. Die zweite Partie fiel nicht anders aus.

„Bileams Esel!“[1], rief erstaunt bei seiner Rückkehr der Pfarrer aus, dem weniger bibelfesten Gendarmeriewachtmeister erklä-

---

1 Esel des Propheten Bileam, dem Gott eine Stimme verleiht, als er von Bileam geschlagen wird (4. Mose (Numeri), 22–24)

rend, schon vor zweitausend Jahren hätte sich ein ähnliches Wunder ereignet, dass ein stummes Wesen plötzlich die Sprache der Weisheit gefunden habe. Trotz der vorgerückten Stunde konnte der Pfarrer sich nicht enthalten, seinen halb analphabetischen Famulus[1] zu einem Zweikampf herauszufordern. Mirko schlug auch ihn mit Leichtigkeit. Er spielte zäh, langsam, unerschütterlich, ohne ein einziges Mal die gesenkte breite Stirn vom Brette aufzuheben. Aber er spielte mit unwiderlegbarer Sicherheit; weder der Gendarmeriewachtmeister noch der Pfarrer waren in den nächsten Tagen imstande, eine Partie gegen ihn zu gewinnen. Der Pfarrer, besser als irgendjemand befähigt, die sonstige Rückständigkeit seines Zöglings zu beurteilen, wurde nun ernstlich neugierig, wieweit diese einseitige sonderbare Begabung einer strengeren Prüfung standhalten würde. Nachdem er Mirko bei dem Dorfbarbier[2] die struppigen strohblonden Haare hatte schneiden lassen, um ihn einigermaßen präsentabel zu machen, nahm er ihn in seinem Schlitten mit in die kleine Nachbarstadt, wo er im Café des Hauptplatzes eine Ecke mit enragierten[3] Schachspielern wusste, denen er selbst erfahrungsgemäß nicht gewachsen war. Es erregte bei der ansässigen Runde nicht geringes Staunen, als der Pfarrer den fünfzehnjährigen strohblonden und rotbackigen Burschen in seinem nach innen getragenen Schafspelz und schweren, hohen Schaftstiefeln in das Kaffeehaus schob, wo der Junge befremdet mit scheu niedergeschlagenen Augen in einer Ecke stehen blieb, bis man ihn zu einem der Schachtische hinrief. In der ersten Partie wurde Mirko geschlagen, da er die sogenannte Sizilianische Eröffnung[4] bei dem guten Pfarrer nie gesehen hatte. In der zweiten Partie kam er schon gegen den besten Spieler auf Remis. Von der dritten und vierten an schlug er sie alle, einen nach dem andern.

Nun ereignen sich in einer kleinen südslawischen Provinzstadt höchst selten aufregende Dinge; so wurde das erste Auftreten die-

---

1 studentische Hilfskraft; hier: Hausgehilfe
2 Barbier (hier): Friseur
3 enragiert: leidenschaftlich, begeistert
4 Sizilianische Eröffnung: Standardspieleröffnung beim Schach (weißer Bauer: e2–e4, schwarzer Bauer: c7–c5)

ses bäuerlichen Champions für die versammelten Honoratioren[1] unverzüglich zur Sensation. Einstimmig wurde beschlossen, der Wunderknabe müsste unbedingt noch bis zum nächsten Tage in der Stadt bleiben, damit man die anderen Mitglieder des Schachklubs zusammenrufen und vor allem den alten Grafen Simczic, einen Fanatiker des Schachspiels, auf seinem Schlosse verständigen könne. Der Pfarrer, der mit einem ganz neuen Stolz auf seinen Pflegling blickte, aber über seiner Entdeckerfreude doch seinen pflichtgemäßen Sonntagsgottesdienst nicht versäumen wollte, erklärte sich bereit, Mirko für eine weitere Probe zurückzulassen. Der junge Czentovic wurde auf Kosten der Schachecke im Hotel einquartiert und sah an diesem Abend zum ersten Mal ein Wasserklosett. Am folgenden Sonntagnachmittag war der Schachraum überfüllt. Mirko, unbeweglich vier Stunden vor dem Brett sitzend, besiegte, ohne ein Wort zu sprechen oder auch nur aufzuschauen, einen Spieler nach dem andern; schließlich wurde eine Simultanpartie[2] vorgeschlagen. Es dauerte eine Weile, ehe man dem Unbelehrten begreiflich machen konnte, dass bei einer Simultanpartie er allein gegen die verschiedenen Spieler zu kämpfen hätte. Aber sobald Mirko diesen Usus[3] begriffen, fand er sich rasch in die Aufgabe, ging mit seinen schweren, knarrenden Schuhen langsam von Tisch zu Tisch und gewann schließlich sieben von den acht Partien.

Nun begannen große Beratungen. Obwohl dieser neue Champion im strengen Sinne nicht zur Stadt gehörte, war doch der heimische Nationalstolz lebhaft entzündet. Vielleicht konnte endlich die kleine Stadt, deren Vorhandensein auf der Landkarte kaum jemand bisher wahrgenommen, zum ersten Mal sich die Ehre erwerben, einen berühmten Mann in die Welt zu schicken. Ein Agent namens Koller, sonst nur Chansonetten und Sängerinnen für das Kabarett der Garnison[4] vermittelnd, erklärte sich bereit, sofern man den Zuschuss für ein Jahr leiste, den jungen Men-

---

[1] angesehene Bürger einer (meist kleineren) Stadt

[2] Bei einer Simultanpartie spielt ein Schachspieler gleichzeitig gegen mehrere Gegner an unterschiedlichen Schachbrettern.

[3] Brauch; hier: Ablauf

[4] Militärstandort

schen in Wien von einem ihm bekannten ausgezeichneten kleinen Meister fachmäßig in der Schachkunst ausbilden zu lassen. Graf Simczic, dem in sechzig Jahren täglichen Schachspieles nie ein so merkwürdiger Gegner entgegengetreten war, zeichnete sofort den Betrag[1]. Mit diesem Tage begann die erstaunliche Karriere des Schiffersohnes.

Nach einem halben Jahr beherrschte Mirko sämtliche Geheimnisse der Schachtechnik, allerdings mit einer seltsamen Einschränkung, die später in den Fachkreisen viel beobachtet und bespöttelt wurde. Denn Czentovic brachte es nie dazu, auch nur eine einzige Schachpartie auswendig – oder wie man fachgemäß sagt: blind – zu spielen. Ihm fehlte vollkommen die Fähigkeit, das Schlachtfeld in den unbegrenzten Raum der Fantasie zu stellen. Er musste immer das schwarz-weiße Karree[2] mit den vierundsechzig Feldern und zweiunddreißig Figuren handgreiflich vor sich haben; noch zur Zeit seines Weltruhmes führte er ständig ein zusammenlegbares Taschenschach mit sich, um, wenn er eine Meisterpartie rekonstruieren oder ein Problem für sich lösen wollte, sich die Stellung optisch vor Augen zu führen. Dieser an sich unbeträchtliche Defekt verriet einen Mangel an imaginativer Kraft[3] und wurde in dem engen Kreise ebenso lebhaft diskutiert, wie wenn unter Musikern ein hervorragender Virtuose oder Dirigent sich unfähig gezeigt hätte, ohne aufgeschlagene Partitur[4] zu spielen oder zu dirigieren. Aber diese merkwürdige Eigenheit verzögerte keineswegs Mirkos stupenden[5] Aufstieg. Mit siebzehn Jahren hatte er schon ein Dutzend Schachpreise gewonnen, mit achtzehn sich die ungarische Meisterschaft, mit zwanzig endlich die Weltmeisterschaft erobert. Die verwegensten Champions, jeder Einzelne an intellektueller Begabung, an Fantasie und Kühnheit ihm unermesslich überlegen, erlagen ebenso seiner zähen und kalten Logik wie Napoleon dem

1 stellte einen Scheck oder Schuldschein aus
2 Viereck
3 Vorstellungskraft, Fantasie
4 in Notenschrift dargestellte mehrstimmige Komposition
5 stupend: erstaunlich

schwerfälligen Kutusow[1], wie Hannibal dem Fabius Cunctator[2], von dem Livius[3] berichtet, dass er gleichfalls in seiner Kindheit derart auffällige Züge von Phlegma und Imbezillität[4] gezeigt habe. So geschah es, dass in die illustre[5] Galerie der Schachmeister, die in ihren Reihen die verschiedensten Typen intellektueller Überlegenheit vereinigt, Philosophen, Mathematiker, kalkulierende, imaginierende und oft schöpferische Naturen, zum ersten Mal ein völliger Outsider der geistigen Welt einbrach, ein schwerer, maulfauler Bauernbursche, aus dem auch nur ein einziges publizistisch[6] brauchbares Wort herauszulocken selbst den gerissensten Journalisten nie gelang. Freilich, was Czentovic den Zeitungen an geschliffenen Sentenzen[7] vorenthielt, ersetzte er bald reichlich durch Anekdoten über seine Person. Denn rettungslos wurde mit der Sekunde, da er vom Schachbrette aufstand, wo er Meister ohnegleichen war, Czentovic zu einer grotesken und beinahe komischen Figur; trotz seines feierlichen schwarzen Anzuges, seiner pompösen Krawatte mit der etwas aufdringlichen Perlennadel und seiner mühsam manikürten Finger blieb er in seinem Gehaben und seinen Manieren derselbe beschränkte Bauernjunge, der im Dorf die Stube des Pfarrers gefegt. Ungeschickt und geradezu schamlos plump suchte er zum Gaudium[8] und zum Ärger seiner Fachkollegen aus seiner Begabung und seinem Ruhm mit einer kleinlichen und sogar oft ordinären Habgier herauszuholen, was an Geld her-

[1] Michail Ilarionowitsch Kutusow (1745–1813): Oberbefehlshaber der russischen Armee, zwang den französischen Kaiser Napoleon Bonaparte (1769–1821) mit seiner zurückhaltenden Kriegsführung im Vaterländischen Krieg (1812/13) zum Rückzug aus Russland

[2] Quintus Fabius Maximus Verrucosus (ca. 275–203 v. Chr.) erwarb sich seinen Beinamen „Cunctator", der Zauderer, durch seine erfolgreich angewandte Hinhaltetaktik im Kampf gegen den karthagischen (punischen) Feldherrn Hannibal (ca. 246–183 v. Chr.) im Zweiten Punischen Krieg (218–201 v. Chr.).

[3] Titus Livius (ca. 59 v. Chr.–17 n. Chr.): römischer Geschichtsschreiber

[4] Schwerfälligkeit, Gleichgültigkeit

[5] illuster: glanzvoll, vornehm

[6] die Publizistik (hier im Sinne von: öffentlichen Medien) betreffend; publizistisch brauchbar (hier): zur Veröffentlichung geeignet

[7] Sentenz: kurz und treffend formulierter Ausspruch, Sinnspruch

[8] (lat.) Vergnügen

auszuholen war. Er reiste von Stadt zu Stadt, immer in den billigsten Hotels wohnend, er spielte in den kläglichsten Vereinen, sofern man ihm sein Honorar bewilligte, er ließ sich abbilden auf Seifenreklamen und verkaufte sogar, ohne auf den Spott seiner Konkurrenten zu achten, die genau wussten, dass er nicht imstande war, drei Sätze richtig zu schreiben, seinen Namen für eine „Philosophie des Schachs", die in Wirklichkeit ein kleiner galizischer[1] Student für den geschäftstüchtigen Verleger geschrieben. Wie allen zähen Naturen, fehlte ihm jeder Sinn für das Lächerliche; seit seinem Sieg im Weltturnier hielt er sich für den wichtigsten Mann der Welt, und das Bewusstsein, all diese gescheiten, intellektuellen, blendenden Sprecher und Schreiber auf ihrem eigenen Feld geschlagen zu haben, und vor allem die handgreifliche Tatsache, mehr als sie zu verdienen, verwandelte die ursprüngliche Unsicherheit in einen kalten und meist plump zur Schau getragenen Stolz.

„Aber wie sollte ein so rascher Ruhm nicht einen so leeren Kopf beduseln?", schloss mein Freund, der mir gerade einige klassische Proben von Czentovics kindischer Präpotenz[2] anvertraut hatte. „Wie sollte ein einundzwanzigjähriger Bauernbursche aus dem Banat[3] nicht den Eitelkeitskoller kriegen, wenn er plötzlich mit ein bisschen Figurenherumschieben auf einem Holzbrett in einer Woche mehr verdient als sein ganzes Dorf daheim mit Holzfällen und den bittersten Abrackereien in einem ganzen Jahr? Und dann, ist es nicht eigentlich verflucht leicht, sich für einen großen Menschen zu halten, wenn man nicht mit der leisesten Ahnung belastet ist, dass ein Rembrandt, ein Beethoven, ein Dante, ein Napoleon[4] je gelebt haben? Dieser Bursche weiß in

---

[1] Galizien: Region in Südpolen und der Ukraine, bis 1918 Teil Österreich-Ungarns

[2] (zur Schau gestellte) Überlegenheit

[3] Region in Ungarn, Rumänien und Serbien, ehemals Teil Österreich-Ungarns

[4] vier herausragende historische Persönlichkeiten auf den Gebieten der Malerei, der Musik, der Literatur und Philosophie sowie der Politik; Rembrandt Harmenszoon van Rijn (1606–69): niederländischer Maler; Ludwig van Beethoven (1770–1827): deutscher Komponist; Dante Alighieri (1265–1321): italienischer Dichter und Philosoph; Napoleon Bonaparte (1769–1821): französischer General, Diktator und Kaiser

seinem vermauerten Gehirn nur das eine, dass er seit Monaten nicht eine einzige Schachpartie verloren hat, und da er eben nicht ahnt, dass es außer Schach und Geld noch andere Werte auf unserer Erde gibt, hat er allen Grund, von sich begeistert zu sein."

Diese Mitteilungen meines Freundes verfehlten nicht, meine besondere Neugierde zu erregen. Alle Arten von monomanischen[1], in eine einzige Idee verschossenen Menschen haben mich zeitlebens angereizt, denn je mehr sich einer begrenzt, umso mehr ist er andererseits dem Unendlichen nahe; gerade solche scheinbar Weltabseitigen bauen in ihrer besonderen Materie sich termitenhaft eine merkwürdige und durchaus einmalige Abbreviatur[2] der Welt. So machte ich aus meiner Absicht, dieses sonderbare Spezimen[3] intellektueller Eingleisigkeit auf der zwölftägigen Fahrt bis Rio näher unter die Lupe zu nehmen, kein Hehl.

Jedoch: „Da werden Sie wenig Glück haben", warnte mein Freund. „Soviel ich weiß, ist es noch keinem gelungen, aus Czentovic das Geringste an psychologischem Material herauszuholen. Hinter all seiner abgründigen Beschränktheit verbirgt dieser gerissene Bauer die große Klugheit, sich keine Blößen zu geben, und zwar dank der simplen Technik, dass er außer mit Landsleuten seiner eigenen Sphäre, die er sich in kleinen Gasthäusern zusammensucht, jedes Gespräch vermeidet. Wo er einen gebildeten Menschen spürt, kriecht er in sein Schneckenhaus; so kann niemand sich rühmen, je ein dummes Wort von ihm gehört oder die angeblich unbegrenzte Tiefe seiner Unbildung ausgemessen zu haben." Mein Freund sollte in der Tat recht behalten. Während der ersten Tage der Reise erwies es sich als vollkommen unmöglich, an Czentovic ohne grobe Zudringlichkeit, die schließlich nicht meine Sache ist, heranzukommen. Manchmal schritt er zwar über das Promenadendeck, aber dann immer die Hände auf dem Rücken verschränkt mit jener stolz in sich versenkten Haltung, wie Napoleon auf dem bekannten Bilde; außerdem erledigte

1 monomanisch: besessen von einer einzigen Idee oder Zwangsneigung
2 Abkürzung
3 Probe, hier: Beispiel, Exemplar

er immer so eilig und stoßhaft seine peripatetische[1] Deckrunde, dass man ihm hätte im Trab nachlaufen müssen, um ihn ansprechen zu können. In den Gesellschaftsräumen wiederum, in der Bar, im Rauchzimmer zeigte er sich niemals; wie mir der Steward auf vertrauliche Erkundigung hin mitteilte, verbrachte er den Großteil des Tages in seiner Kabine, um auf einem mächtigen Brett Schachpartien einzuüben oder zu rekapitulieren.

Nach drei Tagen begann ich mich tatsächlich zu ärgern, dass seine zähe Abwehrtechnik geschickter war als mein Wille, an ihn heranzukommen. Ich hatte in meinem Leben noch nie Gelegenheit gehabt, die persönliche Bekanntschaft eines Schachmeisters zu machen, und je mehr ich mich jetzt bemühte, mir einen solchen Typus zu personifizieren[2], umso unvorstellbarer schien mir eine Gehirntätigkeit, die ein ganzes Leben lang ausschließlich um einen Raum von vierundsechzig schwarzen und weißen Feldern rotiert. Ich wusste wohl aus eigener Erfahrung um die geheimnisvolle Attraktion des „königlichen Spiels“, dieses einzigen unter allen Spielen, die der Mensch ersonnen, das sich souverän jeder Tyrannis des Zufalls entzieht und seine Siegespalmen[3] einzig dem Geist oder vielmehr einer bestimmten Form geistiger Begabung zuteilt. Aber macht man sich nicht bereits einer beleidigenden Einschränkung schuldig, indem man Schach ein Spiel nennt? Ist es nicht auch eine Wissenschaft, eine Kunst, schwebend zwischen diesen Kategorien wie der Sarg Mohammeds zwischen Himmel und Erde[4], eine einmalige Bindung aller Gegensatzpaare; uralt und doch ewig neu, mechanisch in der Anlage und doch nur wirksam durch Fantasie, begrenzt in geometrisch starrem Raum und dabei unbegrenzt in seinen Kombinationen, ständig sich entwickelnd und doch steril[5], ein Denken, das zu

[1] peripatetisch: nach der Art der Peripatetiker (der von Aristoteles im Wandelgang unterrichteten Philosophieschüler) hin und her gehend
[2] in Gestalt einer Person darstellen, verkörpern; hier: als Person vorstellen
[3] ein Palmenzweig bzw. Palmenblatt als Symbol des Sieges
[4] Anspielung auf eine Legende, wonach der Sarg Mohammeds zwischen Himmel und Erde schwebt; Mohammed (ca. 570–632): Religionsstifter des Islams, im Islam als Prophet und Gottesgesandter verehrt
[5] (hier:) unfruchtbar, unschöpferisch, ohne eigene Note

nichts führt, eine Mathematik, die nichts errechnet, eine Kunst ohne Werke, eine Architektur ohne Substanz und nichtsdestominder erwiesenermaßen dauerhafter in seinem Sein und Dasein als alle Bücher und Werke, das einzige Spiel, das allen Völkern und allen Zeiten zugehört und von dem niemand weiß, welcher Gott es auf die Erde gebracht, um die Langeweile zu töten, die Sinne zu schärfen, die Seele zu spannen. Wo ist bei ihm Anfang und wo das Ende: jedes Kind kann seine ersten Regeln erlernen, jeder Stümper sich in ihm versuchen, und doch vermag es innerhalb dieses unveränderbar engen Quadrats eine besondere Spezies von Meistern zu erzeugen, unvergleichbar allen anderen, Menschen mit einer einzig dem Schach zubestimmten Begabung, spezifische Genies, in denen Vision, Geduld und Technik in einer ebenso genau bestimmten Verteilung wirksam sind wie im Mathematiker, im Dichter, im Musiker, und nur in anderer Schichtung und Bindung. In früheren Zeiten physiognomischer[1] Leidenschaft hätte ein Gall[2] vielleicht die Gehirne solcher Schachmeister seziert, um festzustellen, ob bei solchen Schachgenies eine besondere Windung in der grauen Masse des Gehirns, eine Art Schachmuskel oder Schachhöcker sich intensiver eingezeichnet fände als in anderen Schädeln. Und wie hätte einen solchen Physiognomiker erst der Fall eines Czentovic angereizt, wo dies spezifische Genie eingesprengt erscheint in eine absolute intellektuelle Trägheit wie ein einzelner Faden Gold in einem Zentner tauben Gesteins[3]. Im Prinzip war mir die Tatsache von jeher verständlich, dass ein derart einmaliges, ein solches geniales Spiel sich spezifische Matadore schaffen musste, aber wie schwer, wie unmöglich doch, sich das Leben eines geistig regsamen Men-

---

[1] Physiognomie: äußere Erscheinung eines Menschen: Physiognomik: Lehre, die davon ausgeht, dass sich aus dem Erscheinungsbild bzw. Körperbau eines Menschen Aussagen über seine charakterlichen Eigenschaften ableiten lassen

[2] Franz Joseph Gall (1758–1828): Arzt und Anatom, der fälschlicherweise davon ausging, mittels Schädelmessungen Fähigkeiten und Charaktereigenschaften eines Menschen bestimmen zu können

[3] Zentner: alte Gewichtseinheit, 50 kg; taubes Gestein: für den Bergbau nicht verwertbares Gestein

schen vorzustellen, dem sich die Welt einzig auf die enge Einbahn zwischen Schwarz und Weiß reduziert, der in einem bloßen Hin und Her, Vor und Zurück von zweiunddreißig Figuren seine Lebenstriumphe sucht, einen Menschen, dem bei einer neuen Eröffnung, den Springer vorzuziehen statt des Bauern, schon Großtat und sein ärmliches Eckchen Unsterblichkeit im Winkel eines Schachbuches bedeutet – einen Menschen, einen geistigen Menschen, der, ohne wahnsinnig zu werden, zehn, zwanzig, dreißig, vierzig Jahre lang die ganze Spannkraft seines Denkens immer und immer wieder an den lächerlichen Einsatz wendet, einen hölzernen König auf einem hölzernen Brett in den Winkel zu drängen!

Und nun war ein solches Phänomen, ein solches sonderbares Genie oder ein solcher rätselhafter Narr mir räumlich zum ersten Mal ganz nahe, sechs Kabinen weit auf demselben Schiff, und ich Unseliger, für den Neugier in geistigen Dingen immer zu einer Art Passion ausartet, sollte nicht imstande sein, mich ihm zu nähern. Ich begann, mir die absurdesten Listen auszudenken: etwa, ihn in seiner Eitelkeit zu kitzeln, indem ich ihm ein angebliches Interview für eine wichtige Zeitung vortäuschte, oder bei seiner Habgier zu packen, dadurch, dass ich ihm ein einträgliches Turnier in Schottland proponierte[1]. Aber schließlich erinnerte ich mich, dass die bewährteste Technik der Jäger, den Auerhahn an sich heranzulocken, darin besteht, dass sie seinen Balzschrei nachahmen; was konnte eigentlich wirksamer sein, um die Aufmerksamkeit eines Schachmeisters auf sich zu ziehen, als indem man selber Schach spielte?

Nun bin ich zeitlebens nie ein ernstlicher Schachkünstler gewesen, und zwar aus dem einfachen Grunde, dass ich mich mit Schach immer bloß leichtfertig und ausschließlich zu meinem Vergnügen befasste; wenn ich mich für eine Stunde vor das Brett setze, geschieht dies keineswegs, um mich anzustrengen, sondern im Gegenteil, um mich von geistiger Anspannung zu entlasten. Ich „spiele" Schach im wahrsten Sinne des Wortes, während die anderen, die wirklichen Schachspieler, Schach „ernsten", um

---

[1] proponieren: vorschlagen

ein verwegenes neues Wort in die deutsche Sprache einzuführen. Für Schach ist nun, wie für die Liebe, ein Partner unentbehrlich, und ich wusste zur Stunde noch nicht, ob sich außer uns andere Schachliebhaber an Bord befanden. Um sie aus ihren Höhlen herauszulocken, stellte ich im Smoking Room eine primitive Falle auf, indem ich mich mit meiner Frau, obwohl sie noch schwächer spielt als ich, vogelstellerisch[1] vor ein Schachbrett setzte. Und tatsächlich, wir hatten noch nicht sechs Züge getan, so blieb schon jemand im Vorübergehen stehen, ein Zweiter erbat die Erlaubnis, zusehen zu dürfen; schließlich fand sich auch der erwünschte Partner, der mich zu einer Partie herausforderte. Er hieß McConnor und war ein schottischer Tiefbauingenieur, der, wie ich hörte, bei Ölbohrungen in Kalifornien sich ein großes Vermögen gemacht hatte, von äußerem Ansehen ein stämmiger Mensch mit starken, fast quadratisch harten Kinnbacken, kräftigen Zähnen und einer satten Gesichtsfarbe, deren prononcierte[2] Rötlichkeit wahrscheinlich, zumindest teilweise, reichlichem Genuss von Whisky zu verdanken war. Die auffällig breiten, fast athletisch vehementen Schultern machten sich leider auch im Spiel charaktermäßig bemerkbar, denn dieser Mister McConnor gehörte zu jener Sorte selbstbesessener Erfolgsmenschen, die auch im belanglosesten Spiel eine Niederlage schon als Herabsetzung ihres Persönlichkeitsbewusstseins empfinden. Gewöhnt, sich im Leben rücksichtslos durchzusetzen, und verwöhnt vom faktischen Erfolg, war dieser massive Selfmademan derart unerschütterlich von seiner Überlegenheit durchdrungen, dass jeder Widerstand ihn als ungebührliche Auflehnung und beinahe Beleidigung erregte. Als er die erste Partie verlor, wurde er mürrisch und begann umständlich und diktatorisch zu erklären, dies könne nur durch eine momentane Unaufmerksamkeit geschehen sein, bei der dritten machte er den Lärm im Nachbarraum für sein Versagen verantwortlich; nie war er gewillt, eine Partie zu verlieren, ohne sofort Revanche zu fordern. Anfangs amüsierte mich diese ehr-

---

[1] Vogelsteller: Vogelfänger, der seine Beute mithilfe des Gesangs von in Käfig gehaltenen Artgenossen („Lockvögeln") anlockt

[2] prononciert: scharf betont, ausgeprägt

geizige Verbissenheit; schließlich nahm ich sie nur mehr als unvermeidliche Begleiterscheinung für meine eigentliche Absicht hin, den Weltmeister an unseren Tisch zu locken.

Am dritten Tag gelang es und gelang doch nur halb. Sei es, dass Czentovic uns vom Promenadendeck aus durch das Bordfenster vor dem Schachbrett beobachtet oder dass er nur zufälligerweise den Smoking Room mit seiner Anwesenheit beehrte – jedenfalls trat er, sobald er uns Unberufene seine Kunst ausüben sah, unwillkürlich einen Schritt näher und warf aus dieser gemessenen Distanz einen prüfenden Blick auf unser Brett. McConnor war gerade am Zuge. Und schon dieser eine Zug schien ausreichend, um Czentovic zu belehren, wie wenig ein weiteres Verfolgen unserer dilettantischen Bemühungen seines meisterlichen Interesses würdig sei. Mit derselben selbstverständlichen Geste, mit der unsereiner in einer Buchhandlung einen angebotenen schlechten Detektivroman weglegt, ohne ihn auch nur anzublättern, trat er von unserem Tische fort und verließ den Smoking Room. ‚Gewogen und zu leicht befunden'[1], dachte ich mir, ein bisschen verärgert durch diesen kühlen, verächtlichen Blick, und um meinem Unmut irgendwie Luft zu machen, äußerte ich zu McConnor:

„Ihr Zug scheint den Meister nicht sehr begeistert zu haben."

„Welchen Meister?"

Ich erklärte ihm, jener Herr, der eben an uns vorübergegangen und mit missbilligendem Blick auf unser Spiel gesehen, sei der Schachmeister Czentovic gewesen. Nun, fügte ich hinzu, wir beide würden es überstehen und ohne Herzeleid uns mit seiner illustren[2] Verachtung abfinden; arme Leute müssten eben mit Wasser kochen. Aber zu meiner Überraschung übte auf McConnor meine lässige Mitteilung eine völlig unerwartete Wirkung. Er wurde sofort erregt, vergaß unsere Partie, und sein Ehrgeiz begann geradezu hörbar zu pochen. Er habe keine Ahnung gehabt, dass Czentovic an Bord sei, und Czentovic müsse unbedingt gegen ihn spielen. Er habe noch nie im Leben gegen einen Weltmeister gespielt – außer einmal bei einer Simultanpartie mit vier-

---

1 Zitat aus dem Alten Testament (Daniel 5, 27)

2 hier: augenscheinlichen, offensichtlichen

zig anderen; schon das sei furchtbar spannend gewesen, und er habe damals beinahe gewonnen. Ob ich den Schachmeister persönlich kenne? Ich verneinte. Ob ich ihn nicht ansprechen wolle und zu uns bitten? Ich lehnte ab mit der Begründung, Czentovic sei meines Wissens für neue Bekanntschaften nicht sehr zugänglich. Außerdem, was für einen Reiz sollte es einem Weltmeister bieten, mit uns drittklassigen Spielern sich abzugeben?

Nun, das mit den drittklassigen Spielern hätte ich zu einem derart ehrgeizigen Manne wie McConnor lieber nicht äußern sollen. Er lehnte sich verärgert zurück und erklärte schroff, er für seinen Teil könne nicht glauben, dass Czentovic die höfliche Aufforderung eines Gentlemans ablehnen werde; dafür werde er schon sorgen. Auf seinen Wunsch gab ich ihm eine kurze Personenbeschreibung des Weltmeisters, und schon stürmte er, unser Schachbrett gleichgültig im Stich lassend, in unbeherrschter Ungeduld Czentovic auf das Promenadendeck nach. Wieder spürte ich, dass der Besitzer dermaßen breiter Schultern nicht zu halten war, sobald er einmal seinen Willen in eine Sache geworfen.

Ich wartete ziemlich gespannt. Nach zehn Minuten kehrte McConnor zurück, nicht sehr aufgeräumt, wie mir schien.

„Nun?", fragte ich.

„Sie haben recht gehabt", antwortete er etwas verärgert. „Kein sehr angenehmer Herr. Ich stellte mich vor, erklärte ihm, wer ich sei. Er reichte mir nicht einmal die Hand. Ich versuchte, ihm auseinanderzusetzen, wie stolz und geehrt wir alle an Bord sein würden, wenn er eine Simultanpartie gegen uns spielen wollte. Aber er hielt seinen Rücken verflucht steif; es täte ihm leid, aber er habe kontraktliche[1] Verpflichtungen gegen seinen Agenten, die ihm ausdrücklich untersagten, während seiner ganzen Tournee ohne Honorar zu spielen. Sein Minimum sei zweihundertfünfzig Dollar pro Partie."

Ich lachte. „Auf diesen Gedanken wäre ich eigentlich nie geraten, dass Figuren von Schwarz auf Weiß zu schieben ein derart einträgliches Geschäft sein kann. Nun, ich hoffe, Sie haben sich ebenso höflich empfohlen."

[1] kontraktlich: vertraglich

Aber McConnor blieb vollkommen ernst. „Die Partie ist für morgen Nachmittag drei Uhr angesetzt. Hier im Rauchsalon. Ich hoffe, wir werden uns nicht so leicht zu Brei schlagen lassen."

„Wie? Sie haben ihm die zweihundertfünfzig Dollar bewilligt?", rief ich ganz betroffen aus.

„Warum nicht? C'est son métier.[1] Wenn ich Zahnschmerzen hätte und es wäre zufällig ein Zahnarzt an Bord, würde ich auch nicht verlangen, dass er mir den Zahn umsonst ziehen soll. Der Mann hat ganz recht, dicke Preise zu machen; in jedem Fach sind die wirklichen Könner auch die besten Geschäftsleute. Und was mich betrifft: je klarer ein Geschäft, umso besser. Ich zahle lieber in Cash, als mir von einem Herrn Czentovic Gnaden erweisen zu lassen und mich am Ende noch bei ihm bedanken zu müssen. Schließlich habe ich in unserem Klub schon mehr an einem Abend verloren als zweihundertfünfzig Dollar und dabei mit keinem Weltmeister gespielt. Für ‚drittklassige' Spieler ist es keine Schande, von einem Czentovic umgelegt zu werden."

Es amüsierte mich, zu bemerken, wie tief ich McConnors Selbstgefühl mit dem einen unschuldigen Wort drittklassiger Spieler gekränkt hatte. Aber da er den teuren Spaß zu bezahlen gesonnen war, hatte ich nichts einzuwenden gegen seinen deplatzierten Ehrgeiz, der mir endlich die Bekanntschaft meines Kuriosums[2] vermitteln sollte. Wir verständigten eiligst die vier oder fünf Herren, die sich bisher als Schachspieler deklariert[3] hatten, von dem bevorstehenden Ereignis und ließen, um von durchgehenden Passanten möglichst wenig gestört zu werden, nicht nur unseren Tisch, sondern auch die Nachbartische für das bevorstehende Match im Voraus reservieren.

Am nächsten Tag war unsere kleine Gruppe zur vereinbarten Stunde vollzählig erschienen. Der Mittelplatz gegenüber dem Meister blieb selbstverständlich McConnor zugeteilt, der seine Nervosität entlud, indem er eine schwere Zigarre nach der andern

---

1 (franz.:) Das ist sein Beruf.

2 Kuriosum: außergewöhnliche, seltsame Begebenheit, Situation; hier: seltsame Person

3 deklarieren: bezeichnen

anzündete und immer wieder unruhig auf die Uhr blickte. Aber der Weltmeister ließ – ich hatte nach den Erzählungen meines Freundes derlei schon geahnt – gute zehn Minuten auf sich warten, wodurch allerdings sein Erscheinen dann erhöhten Aplomb[1] erhielt. Er trat ruhig und gelassen auf den Tisch zu. Ohne sich vorzustellen – ‚Ihr wisst, wer ich bin, und wer ihr seid, interessiert mich nicht', schien diese Unhöflichkeit zu besagen –, begann er mit fachmännischer Trockenheit die sachlichen Anordnungen. Da eine Simultanpartie hier an Bord mangels an verfügbaren Schachbrettern unmöglich sei, schlage er vor, dass wir alle gemeinsam gegen ihn spielen sollten. Nach jedem Zug werde er, um unsere Beratungen nicht zu stören, sich zu einem anderen Tisch am Ende des Raumes verfügen. Sobald wir unseren Gegenzug getan, sollten wir, da bedauerlicherweise keine Tischglocke zur Hand sei, mit dem Löffel gegen ein Glas klopfen. Als maximale Zugzeit schlage er zehn Minuten vor, falls wir keine andere Einteilung wünschten. Wir pflichteten selbstverständlich wie schüchterne Schüler jedem Vorschlag bei. Die Farbenwahl teilte Czentovic Schwarz zu; noch im Stehen tat er den ersten Gegenzug und wandte sich dann gleich dem von ihm vorgeschlagenen Warteplatz zu, wo er lässig hingelehnt eine illustrierte Zeitschrift durchblätterte.

Es hat wenig Sinn, über die Partie zu berichten. Sie endete selbstverständlich, wie sie enden musste, mit unserer totalen Niederlage, und zwar bereits beim vierundzwanzigsten Zuge. Dass nun ein Weltschachmeister ein halbes Dutzend mittlerer oder untermittlerer Spieler mit der linken Hand niederfegt, war an sich wenig erstaunlich; verdrießlich wirkte eigentlich auf uns alle nur die präpotente[2] Art, mit der Czentovic es uns allzu deutlich fühlen ließ, dass er uns mit der linken Hand erledigte. Er warf jedes Mal nur einen scheinbar flüchtigen Blick auf das Brett, sah an uns so lässig vorbei, als ob wir selbst tote Holzfiguren wären, und diese impertinente[3] Geste erinnerte unwillkürlich an die, mit der man

---

1 (hier:) Nachdruck
2 präpotent: überheblich; vgl. Präpotenz
3 impertinent: frech, unverschämt

einem räudigen Hund abgewendeten Blicks einen Brocken zuwirft. Bei einiger Feinfühligkeit hätte er meiner Meinung nach uns auf Fehler aufmerksam machen können oder durch ein freundliches Wort aufmuntern. Aber auch nach Beendigung der Partie äußerte dieser unmenschliche Schachautomat keine Silbe, sondern wartete, nachdem er „Matt" gesagt, regungslos vor dem Tische, ob man noch eine zweite Partie von ihm wünsche. Schon war ich aufgestanden, um hilflos, wie man immer gegen dickfellige Grobheit bleibt, durch eine Geste anzudeuten, dass mit diesem erledigten Dollargeschäft wenigstens meinerseits das Vergnügen unserer Bekanntschaft beendet sei, als zu meinem Ärger neben mir McConnor mit ganz heiserer Stimme sagte: „Revanche!"

Ich erschrak geradezu über den herausfordernden Ton; tatsächlich bot McConnor in diesem Augenblick eher den Eindruck eines Boxers vor dem Losschlagen als den eines höflichen Gentlemans. War es die unangenehme Art der Behandlung, die uns Czentovic hatte zuteilwerden lassen, oder nur sein pathologisch[1] reizbarer Ehrgeiz – jedenfalls war McConnors Wesen vollkommen verändert. Rot im Gesicht bis hoch hinauf an das Stirnhaar, die Nüstern von innerem Druck stark aufgespannt, transpirierte[2] er sichtlich, und von den verbissenen Lippen schnitt sich scharf eine Falte gegen sein kämpferisch vorgerecktes Kinn. Ich erkannte beunruhigt in seinem Auge jenes Flackern unbeherrschter Leidenschaft, wie sie sonst Menschen nur am Roulettetisch ergreift, wenn zum sechsten- oder siebenten Mal bei immer verdoppeltem Einsatz nicht die richtige Farbe kommt. In diesem Augenblick wusste ich, dieser fanatisch Ehrgeizige würde, und sollte es ihn sein ganzes Vermögen kosten, gegen Czentovic so lange spielen und spielen und spielen, einfach oder doubliert[3], bis er wenigstens ein einziges Mal eine Partie gewonnen. Wenn Czentovic durchhielt, so hatte er an McConnor eine Goldgrube gefunden,

1 krankhaft
2 transpirieren: schwitzen
3 (hier:) verdoppelt

aus der er bis Buenos Aires ein paar tausend Dollar schaufeln konnte.

Czentovic blieb unbewegt. „Bitte“, antwortete er höflich. „Die Herren spielen jetzt Schwarz.“

Auch die zweite Partie bot kein verändertes Bild, außer dass durch einige Neugierige unser Kreis nicht nur größer, sondern auch lebhafter geworden war. McConnor blickte so starr auf das Brett, als wollte er die Figuren mit seinem Willen, zu gewinnen, magnetisieren; ich spürte ihm an, dass er auch tausend Dollar begeistert geopfert hätte für den Lustschrei ‚Matt!‘ gegen den kaltschnäuzigen Gegner. Merkwürdigerweise ging etwas von seiner verbissenen Erregung unbewusst in uns über. Jeder einzelne Zug wurde ungleich leidenschaftlicher diskutiert als vordem, immer hielten wir noch im letzten Moment einer den andern zurück, ehe wir uns einigten, das Zeichen zu geben, das Czentovic an unseren Tisch zurückrief. Allmählich waren wir beim siebenunddreißigsten Zuge angelangt, und zu unserer eigenen Überraschung war eine Konstellation eingetreten, die verblüffend vorteilhaft schien, weil es uns gelungen war, den Bauern der c-Linie bis auf das vorletzte Feld c2 zu bringen; wir brauchten ihn nur vorzuschieben auf c1, um eine neue Dame zu gewinnen. Ganz behaglich war uns freilich nicht bei dieser allzu offenkundigen Chance; wir argwöhnten einmütig, dieser scheinbar von uns errungene Vorteil müsse von Czentovic, der doch die Situation viel weitblickender übersah, mit Absicht uns als Angelhaken zugeschoben sein. Aber trotz angestrengtem gemeinsamem Suchen und Diskutieren vermochten wir die versteckte Finte nicht wahrzunehmen. Schließlich, schon knapp am Rande der verstatteten Überlegungsfrist, entschlossen wir uns, den Zug zu wagen. Schon rührte McConnor den Bauern an, um ihn auf das letzte Feld zu schieben, als er sich jäh am Arm gepackt fühlte und jemand leise und heftig flüsterte: „Um Gottes willen! Nicht!“

Unwillkürlich wandten wir uns alle um. Ein Herr von etwa fünfundvierzig Jahren, dessen schmales, scharfes Gesicht mir schon vordem auf der Deckpromenade durch seine merkwürdige, fast kreidige Blässe aufgefallen war, musste in den letzten Minuten, indes wir unsere ganze Aufmerksamkeit dem Problem zuwandten, zu uns getreten sein. Hastig fügte er, unsern Blick spürend, hinzu:

„Wenn Sie jetzt eine Dame machen, schlägt er sie sofort mit dem Läufer c1, Sie nehmen mit dem Springer zurück. Aber inzwischen geht er mit seinem Freibauern[1] auf d7, bedroht Ihren Turm, und auch wenn Sie mit dem Springer Schach sagen, verlieren Sie und sind nach neun bis zehn Zügen erledigt. Es ist beinahe dieselbe Konstellation, wie sie Aljechin gegen Bogoljubow 1922 im Pistyaner Großturnier[2] initiiert[3] hat."

McConnor ließ erstaunt die Hand von der Figur und starrte nicht minder verwundert als wir alle auf den Mann, der wie ein unvermuteter Engel helfend vom Himmel kam. Jemand, der auf neun Züge im Voraus ein Matt berechnen konnte, musste ein Fachmann ersten Ranges sein, vielleicht sogar ein Konkurrent um die Meisterschaft, der zum gleichen Turnier reiste, und sein plötzliches Kommen und Eingreifen gerade in einem so kritischen Moment hatte etwas fast Übernatürliches. Als Erster fasste sich McConnor.

„Was würden Sie raten?", flüsterte er aufgeregt.

„Nicht gleich vorziehen, sondern zunächst ausweichen! Vor allem mit dem König abrücken aus der gefährdeten Linie von g8 auf h7. Er wird wahrscheinlich den Angriff dann auf die andere Flanke hinüberwerfen. Aber das parieren Sie mit Turm c8–c4; das kostet ihn zwei Tempi[4], einen Bauern und damit die Überlegenheit. Dann steht Freibauer gegen Freibauer, und wenn Sie sich richtig defensiv halten, kommen Sie noch auf Remis. Mehr ist nicht herauszuholen."

Wir staunten abermals. Die Präzision nicht minder als die Raschheit seiner Berechnung hatte etwas Verwirrendes; es war, als ob er

---

1 Freibauer: Bauer, der von keinem gegnerischen Bauern blockiert oder geschlagen werden kann

2 in Savielly G. Tartakowers 1925 erschienenem Buch „Die hypermoderne Schachpartie" aufgeführte Partie; Pistyan: Piešt'any, Stadt und Heilbad im Westen der Slowakei

3 initiieren: in die Wege leiten

4 Tempo (im Plural: Tempi): Faktor Zeit im Schachspiel, beschreibt den Fortschritt in der Figuren- bzw. Spielentwicklung

die Züge aus einem gedruckten Buch ablesen würde. Immerhin wirkte die unvermutete Chance, dank seines Eingreifens unsere Partie gegen einen Weltmeister auf Remis zu bringen, zauberisch. Einmütig rückten wir zur Seite, um ihm freieren Blick auf das Brett zu gewähren. Noch einmal fragte McConnor:

„Also König g8 auf h7?"

„Jawohl! Ausweichen vor allem!"

McConnor gehorchte, und wir klopften an das Glas. Czentovic trat mit seinem gewohnt gleichmütigen Schritt an unseren Tisch und maß mit einem einzigen Blick den Gegenzug. Dann zog er auf dem Königsflügel[1] den Bauern h2–h4, genau wie es unser unbekannter Helfer vorausgesagt. Und schon flüsterte dieser aufgeregt:

„Turm vor, Turm vor, c8 auf c4, er muss dann zuerst den Bauern decken. Aber das wird ihm nichts helfen! Sie schlagen, ohne sich um seinen Freibauern zu kümmern, mit dem Springer d3–e5, und das Gleichgewicht ist wiederhergestellt. Den ganzen Druck vorwärts, statt zu verteidigen!"

Wir verstanden nicht, was er meinte. Für uns war, was er sagte, Chinesisch. Aber schon einmal in seinem Bann, zog McConnor, ohne zu überlegen, wie jener geboten. Wir schlugen abermals an das Glas, um Czentovic zurückzurufen. Zum ersten Male entschied er sich nicht rasch, sondern blickte gespannt auf das Brett. Unwillkürlich schoben sich seine Brauen zusammen. Dann tat er genau den Zug, den der Fremde uns angekündigt, und wandte sich zum Gehen. Jedoch ehe er zurücktrat, geschah etwas Neues und Unerwartetes. Czentovic hob den Blick und musterte unsere Reihen; offenbar wollte er herausfinden, wer ihm mit einem Male so energischen Widerstand leistete.

Von diesem Augenblick an wuchs unsere Erregung ins Ungemessene. Bisher hatten wir ohne ernstliche Hoffnung gespielt, nun aber trieb der Gedanke, den kalten Hochmut Czentovics zu brechen, uns eine fliegende Hitze durch alle Pulse. Schon aber hatte unser neuer Freund den nächsten Zug angeordnet, und wir konnten – die Finger zitterten mir, als ich den Löffel an das Glas schlug

---

[1] die Seite des Schachbretts, auf der die Könige aufgestellt werden

– Czentovic zurückrufen. Und nun kam unser erster Triumph. Czentovic, der bisher immer nur im Stehen gespielt, zögerte, zögerte und setzte sich schließlich nieder. Er setzte sich langsam und schwerfällig; damit aber war schon rein körperlich das bisherige Von-oben-herab zwischen ihm und uns aufgehoben. Wir hatten ihn genötigt, sich wenigstens räumlich auf eine Ebene mit uns zu begeben. Er überlegte lange, die Augen unbeweglich auf das Brett gesenkt, sodass man kaum mehr die Pupillen unter den schwarzen Lidern wahrnehmen konnte, und im angestrengten Nachdenken öffnete sich ihm allmählich der Mund, was seinem runden Gesicht ein etwas einfältiges Aussehen gab. Czentovic überlegte einige Minuten, dann tat er seinen Zug und stand auf. Und schon flüsterte unser Freund:

„Ein Hinhaltezug! Gut gedacht! Aber nicht darauf eingehen! Abtausch forcieren[1], unbedingt Abtausch, dann können wir auf Remis, und kein Gott kann ihm helfen."

McConnor gehorchte. Es begann in den nächsten Zügen zwischen den beiden – wir andern waren längst zu leeren Statisten herabgesunken – ein uns unverständliches Hin und Her. Nach etwa sieben Zügen sah Czentovic nach längerem Nachdenken auf und erklärte: „Remis."

Einen Augenblick herrschte totale Stille. Man hörte plötzlich die Wellen rauschen und das Radio aus dem Salon herüberjazzen, man vernahm jeden Schritt vom Promenadendeck und das leise, feine Sausen des Winds, der durch die Fugen der Fenster fuhr. Keiner von uns atmete, es war zu plötzlich gekommen und wir alle noch geradezu erschrocken über das Unwahrscheinliche, dass dieser Unbekannte dem Weltmeister in einer schon halb verlorenen Partie seinen Willen aufgezwungen haben sollte. McConnor lehnte sich mit einem Ruck zurück, der zurückgehaltene Atem fuhr ihm hörbar in einem beglückten „Ah!" von den Lippen. Ich wiederum beobachtete Czentovic. Schon bei den letzten Zügen hatte mir geschienen, als ob er blässer geworden sei. Aber er verstand sich gut zusammenzuhalten. Er verharrte in seiner

[1] Abtausch: wechselseitiges Schlagen gleichwertiger Figuren; forcieren: vorantreiben

scheinbar gleichmütigen Starre und fragte nur in lässigster Weise, während er die Figuren mit ruhiger Hand vom Brette schob: „Wünschen die Herren noch eine dritte Partie?“

Er stellte die Frage rein sachlich, rein geschäftlich. Aber das Merkwürdige war: er hatte dabei nicht McConnor angeblickt, sondern scharf und gerade das Auge gegen unseren Retter gehoben. Wie ein Pferd am festeren Sitz einen neuen, einen besseren Reiter, musste er an den letzten Zügen seinen wirklichen, seinen eigentlichen Gegner erkannt haben. Unwillkürlich folgten wir seinem Blick und sahen gespannt auf den Fremden. Jedoch ehe dieser sich besinnen oder gar antworten konnte, hatte in seiner ehrgeizigen Erregung McConnor schon triumphierend ihm zugerufen: „Selbstverständlich! Aber jetzt müssen Sie allein gegen ihn spielen! Sie allein gegen Czentovic! “

Doch nun ereignete sich etwas Unvorhergesehenes. Der Fremde, der merkwürdigerweise noch immer angestrengt auf das schon abgeräumte Schachbrett starrte, schrak auf, da er alle Blicke auf sich gerichtet und sich so begeistert angesprochen fühlte. Seine Züge verwirrten sich.

„Auf keinen Fall, meine Herren“, stammelte er sichtlich betroffen. „Das ist völlig ausgeschlossen ... ich komme gar nicht in Betracht ... ich habe seit zwanzig, nein, fünfundzwanzig Jahren vor keinem Schachbrett gesessen ... und ich sehe erst jetzt, wie ungehörig ich mich betragen habe, indem ich mich ohne Ihre Verstattung[1] in Ihr Spiel einmengte ... Bitte, entschuldigen Sie meine Vordringlichkeit[2] ... ich will gewiss nicht weiter stören.“ Und noch ehe wir uns von unserer Überraschung zurechtgefunden, hatte er sich bereits zurückgezogen und das Zimmer verlassen.

„Aber das ist doch ganz unmöglich!“, dröhnte der temperamentvolle McConnor, mit der Faust aufschlagend. „Völlig ausgeschlossen, dass dieser Mann fünfundzwanzig Jahre nicht Schach gespielt haben soll! Er hat doch jeden Zug, jede Gegenpointe[3] auf fünf, auf sechs Züge vorausberechnet. So etwas kann niemand

1 Erlaubnis
2 Aufdringlichkeit
3 Gegenzug

aus dem Handgelenk. Das ist doch völlig ausgeschlossen – nicht wahr?“

Mit der letzten Frage hatte sich McConnor unwillkürlich an Czentovic gewandt. Aber der Weltmeister blieb unerschütterlich kühl. „Ich vermag darüber kein Urteil abzugeben. Jedenfalls hat der Herr etwas befremdlich und interessant gespielt; deshalb habe ich ihm auch absichtlich eine Chance gelassen.“ Gleichzeitig lässig aufstehend, fügte er in seiner sachlichen Art bei:

„Sollte der Herr oder die Herren morgen eine abermalige Partie wünschen, so stehe ich von drei Uhr ab zur Verfügung.“

Wir konnten ein leises Lächeln nicht unterdrücken. Jeder von uns wusste, dass Czentovic unserem unbekannten Helfer keineswegs großmütig eine Chance gelassen und diese Bemerkung nichts anderes als eine naive Ausflucht war, um sein eigenes Versagen zu maskieren. Umso heftiger wuchs unser Verlangen, einen derart unerschütterlichen Hochmut gedemütigt zu sehen. Mit einem Mal war über uns friedliche, lässige Bordbewohner eine wilde, ehrgeizige Kampflust gekommen, denn der Gedanke, dass gerade auf unserem Schiff mitten auf dem Ozean dem Schachmeister die Palme entrungen werden könnte – ein Rekord, der dann von allen Telegrafenbüros über die ganze Welt hingeblitzt würde –, faszinierte uns in herausforderndster Weise. Dazu kam noch der Reiz des Mysteriösen, der von dem unerwarteten Eingreifen unseres Retters gerade im kritischen Moment ausging, und der Kontrast seiner fast ängstlichen Bescheidenheit mit dem unerschütterlichen Selbstbewusstsein des Professionellen. Wer war dieser Unbekannte? Hatte hier der Zufall ein noch unentdecktes Schachgenie zutage gefördert? Oder verbarg uns aus einem unerforschlichen Grunde ein berühmter Meister seinen Namen? Alle diese Möglichkeiten erörterten wir in aufgeregtester Weise, selbst die verwegensten Hypothesen waren uns nicht verwegen genug, um die rätselhafte Scheu und das überraschende Bekenntnis des Fremden mit seiner doch unverkennbaren Spielkunst in Einklang zu bringen. In einer Hinsicht jedoch blieben wir alle einig: keinesfalls auf das Schauspiel eines neuerlichen Kampfes zu verzichten. Wir beschlossen, alles zu versuchen, damit unser Helfer am nächsten Tage eine Partie gegen Czentovic spiele, für deren materielles Risiko McConnor aufzukommen sich verpflichtete. Da sich inzwischen durch Umfrage beim Steward herausgestellt hatte, dass der Unbekannte ein Österreicher sei, wurde mir als seinem Landsmann der Auftrag zugeteilt, ihm unsere Bitte zu unterbreiten.

Ich benötigte nicht lange, um auf dem Promenadendeck den so eilig Entflüchteten aufzufinden. Er lag auf seinem Deckchair[1] und las. Ehe ich auf ihn zutrat, nahm ich die Gelegenheit wahr, ihn zu betrachten. Der scharf geschnittene Kopf ruhte in der Haltung leichter Ermüdung auf dem Kissen; abermals fiel nur die merkwürdige Blässe des verhältnismäßig jungen Gesichtes besonders auf, dem die Haare blendend weiß die Schläfen rahmten; ich hatte, ich weiß nicht warum, den Eindruck, dieser Mann müsse plötzlich gealtert sein. Kaum ich auf ihn zutrat, erhob er sich höflich und stellte sich mit einem Namen vor, der mir sofort vertraut war als der einer hoch angesehenen altösterreichischen Familie. Ich erinnerte mich, dass ein Träger dieses Namens zu dem engsten Freundeskreise Schuberts[2] gehört hatte und auch einer der Leibärzte des alten Kaisers[3] dieser Familie entstammte. Als ich Dr. B. unsere Bitte übermittelte, die Herausforderung Czentovics anzunehmen, war er sichtlich verblüfft. Es erwies sich, dass er keine Ahnung gehabt hatte, bei jener Partie einen Weltmeister, und gar den zur Zeit erfolgreichsten, ruhmreich bestanden zu haben. Aus irgendeinem Grunde schien diese Mitteilung auf ihn besonderen Eindruck zu machen, denn er erkundigte sich immer und immer wieder von Neuem, ob ich dessen gewiss sei, dass sein Gegner tatsächlich ein anerkannter Weltmeister gewesen. Ich merkte bald, dass dieser Umstand meinen Auftrag erleichterte, und hielt es nur, seine Feinfühligkeit spürend, für ratsam, ihm zu verschweigen, dass das materielle Risiko einer allfälligen[4] Niederlage zulasten von McConnors Kasse ginge. Nach längerem Zögern erklärte sich Dr. B. schließlich zu einem Match bereit,

---

1 Liegestuhl
2 Franz Schubert (1797-1828): österreichischer Komponist
3 Gemeint ist Franz Josef I. (1830–1916), von 1848–1916 Kaiser von Österreich.
4 allfällig (österr., schweiz.): etwaig, eventuell

doch nicht ohne ausdrücklich gebeten zu haben, die anderen Herren nochmals zu warnen, sie möchten keineswegs auf sein Können übertriebene Hoffnungen setzen.

„Denn“, fügte er mit einem versonnenen Lächeln hinzu, „ich weiß wahrhaftig nicht, ob ich fähig bin, eine Schachpartie nach allen Regeln richtig zu spielen. Bitte glauben Sie mir, dass es keineswegs falsche Bescheidenheit war, wenn ich sagte, dass ich seit meiner Gymnasialzeit, also seit mehr als zwanzig Jahren, keine Schachfigur mehr berührt habe. Und selbst zu jener Zeit galt ich bloß als Spieler ohne sonderliche Begabung.“

Er sagte dies in einer so natürlichen Weise, dass ich nicht den leisesten Zweifel an seiner Aufrichtigkeit hegen durfte. Dennoch konnte ich nicht umhin, meiner Verwunderung Ausdruck zu geben, wie genau er an jede einzelne Kombination der verschiedensten Meister sich erinnern könne; immerhin müsse er sich doch wenigstens theoretisch mit Schach viel beschäftigt haben. Dr. B. lächelte abermals in jener merkwürdig traumhaften Art.

„Viel beschäftigt! – Weiß Gott, das kann man wohl sagen, dass ich mich mit Schach viel beschäftigt habe. Aber das geschah unter ganz besonderen, ja völlig einmaligen Umständen. Es war dies eine ziemlich komplizierte Geschichte, und sie könnte allenfalls als kleiner Beitrag gelten zu unserer lieblichen großen Zeit. Wenn Sie eine halbe Stunde Geduld haben ...

Er hatte auf den Deckchair neben sich gedeutet. Gerne folgte ich seiner Einladung. Wir waren ohne Nachbarn. Dr. B. nahm die Lesebrille von den Augen, legte sie zur Seite und begann:

„Sie waren so freundlich, zu äußern, dass Sie sich als Wiener des Namens meiner Familie erinnerten. Aber ich vermute, Sie werden kaum von der Rechtsanwaltskanzlei gehört haben, die ich gemeinsam mit meinem Vater und späterhin allein leitete, denn wir führten keine Causen[1], die publizistisch in der Zeitung abgehandelt wurden, und vermieden aus Prinzip neue Klienten. In Wirklichkeit hatten wir eigentlich gar keine richtige Anwaltspraxis mehr, sondern beschränkten uns ausschließlich auf die Rechtsberatung und vor allem Vermögensverwaltung der großen

[1] Rechtsfälle

Klöster, denen mein Vater als früherer Abgeordneter der klerikalen Partei[1] nahestand. Außerdem war uns – heute, da die Monarchie der Geschichte angehört, darf man wohl schon darüber sprechen – die Verwaltung der Fonds[2] einiger Mitglieder der kaiserlichen Familie anvertraut. Diese Verbindungen zum Hof und zum Klerus – mein Onkel war Leibarzt des Kaisers, ein anderer Abt in Seitenstetten[3] – reichten schon zwei Generationen zurück; wir hatten sie nur zu erhalten, und es war eine stille, eine, möchte ich sagen, lautlose Tätigkeit, die uns durch dies ererbte Vertrauen zugeteilt war, eigentlich nicht viel mehr erfordernd als strengste Diskretion und Verlässlichkeit, zwei Eigenschaften, die mein verstorbener Vater im höchsten Maße besaß; ihm ist es tatsächlich gelungen, sowohl in den Inflationsjahren[4] als in jenen des Umsturzes durch seine Umsicht seinen Klienten beträchtliche Vermögenswerte zu erhalten. Als dann Hitler in Deutschland ans Ruder kam und gegen den Besitz der Kirche und der Klöster seine Raubzüge begann, gingen auch von jenseits der Grenze mancherlei Verhandlungen und Transaktionen[5], um wenigstens den mobilen Besitz vor Beschlagnahme zu retten, durch unsere Hände, und von gewissen geheimen politischen Verhandlungen der Kurie[6] und des Kaiserhauses wussten wir beide mehr, als die Öffentlichkeit je erfahren wird. Aber gerade die Unauffälligkeit unserer Kanzlei – wir führten nicht einmal ein Schild an der Tür – sowie die Vorsicht, dass wir beide alle Monarchistenkreise ostentativ[7] mieden, bot sichersten Schutz vor unberufenen[8] Nachforschungen. De facto[9] hat in all diesen Jahren keine Behörde in Österreich

---

1 Christlichsoziale Partei Österreichs, Vorläufer der Österreichischen Volkspartei (ÖVP)

2 (hier:) Vermögensreserven

3 Gemeint ist das Benediktinerkloster im niederösterreichischen Seitenstetten.

4 rasante Geldentwertung Anfang der 1920er-Jahre in Österreich

5 Transaktion: Übertragung von Gütern, finanziellen Forderungen, Finanzmitteln etc.

6 päpstlicher Hof, päpstliche Zentralbehörde

7 betont

8 (hier:) ungebetenen, unerwünschten

9 tatsächlich

jemals vermutet, dass die geheimen Kuriere des Kaiserhauses ihre wichtigste Post immer gerade in unserer unscheinbaren Kanzlei im vierten Stock abholten oder abgaben.

Nun hatten die Nationalsozialisten, längst ehe sie ihre Armeen gegen die Welt aufrüsteten, eine andere ebenso gefährliche und geschulte Armee in allen Nachbarländern zu organisieren begonnen, die Legion der Benachteiligten, der Zurückgesetzten, der Gekränkten. In jedem Amt, in jedem Betrieb waren ihre sogenannten ‚Zellen' eingenistet, an jeder Stelle bis hinauf in die Privatzimmer von Dollfuß[1] und Schuschnigg[2] saßen ihre Horchposten und Spione. Selbst in unserer unscheinbaren Kanzlei hatten sie, wie ich leider erst zu spät erfuhr, ihren Mann. Es war freilich nicht mehr als ein jämmerlicher und talentloser Kanzlist[3], den ich auf Empfehlung eines Pfarrers einzig deshalb angestellt hatte, um der Kanzlei nach außen hin den Anschein eines regulären Betriebes zu geben; in Wirklichkeit verwendeten wir ihn zu nichts anderem als zu unschuldigen Botengängen, ließen ihn das Telefon bedienen und die Akten ordnen, das heißt jene Akten, die völlig gleichgültig und unbedenklich waren. Die Post durfte er niemals öffnen, alle wichtigen Briefe schrieb ich, ohne Kopien zu hinterlegen, eigenhändig mit der Maschine, jedes wesentliche Dokument nahm ich selbst nach Hause und verlegte geheime Besprechungen ausschließlich in die Priorei[4] des Klosters oder in das Ordinationszimmer[5] meines Onkels. Dank dieser Vorsichtsmaßnahmen bekam dieser Horchposten von den wesentlichen Vorgängen nichts zu sehen; aber durch einen unglücklichen Zufall musste der ehrgeizige und eitle Bursche bemerkt haben, dass man ihm misstraute und hinter seinem Rücken allerlei Interes-

---

[1] Engelbert Dollfuß (1892–1934): österreichischer Bundeskanzler (1932–34), wurde bei einem nationalsozialistischen Putschversuch ermordet

[2] Schuschnigg (1897–1977): österreichischer Bundeskanzler (1934–38), nach dem Anschluss Österreichs bis 1945 in nationalsozialistischer Haft (u. a. in den KZs Dachau und Sachsenhausen)

[3] Kanzleiangestellter

[4] (hier:) Räumlichkeiten des Klosterleiters (Priors)

[5] (hier:) ärztliches Untersuchungszimmer

santes geschah. Vielleicht hat einmal in meiner Abwesenheit einer der Kuriere unvorsichtigerweise von ‚Seiner Majestät' gesprochen, statt, wie vereinbart, vom ‚Baron Fern', oder der Lump musste Briefe widerrechtlich geöffnet haben – jedenfalls holte er sich, ehe ich Verdacht schöpfen konnte, von München oder Berlin Auftrag, uns zu überwachen. Erst viel später, als ich längst in Haft saß, erinnerte ich mich, dass seine anfängliche Lässigkeit im Dienst sich in den letzten Monaten in plötzlichen Eifer verwandelt und er sich mehrfach beinahe zudringlich angeboten hatte, meine Korrespondenz zur Post zu bringen. Ich kann mich von einer gewissen Unvorsichtigkeit also nicht freisprechen, aber sind schließlich nicht auch die größten Diplomaten und Militärs von der Hitlerei heimtückisch überspielt worden? Wie genau und liebevoll die Gestapo[1] mir längst ihre Aufmerksamkeit zugewandt hatte, erwies dann äußerst handgreiflich der Umstand, dass noch am selben Abend, da Schuschnigg seine Abdankung bekannt gab, und einen Tag, ehe Hitler in Wien einzog[2], ich bereits von SS-Leuten[3] festgenommen war. Die allerwichtigsten Papiere war es mir glücklicherweise noch gelungen zu verbrennen, kaum ich im Radio die Abschiedsrede Schuschniggs gehört, und den Rest der Dokumente mit den unentbehrlichen Belegen für die im Ausland deponierten Vermögenswerte der Klöster und zweier Erzherzöge schickte ich wirklich in der letzten Minute, ehe die Burschen mir die Tür einhämmerten – in einem Waschkorb versteckt durch meine alte, verlässliche Haushälterin zu meinem Onkel hinüber."

Dr. B. unterbrach, um sich eine Zigarre anzuzünden. Bei dem aufflackernden Licht bemerkte ich, dass ein nervöses Zucken um seinen rechten Mundwinkel lief, das mir schon vorher aufgefallen war und, wie ich beobachten konnte, sich jede paar Minuten

---

1 Abkürzung für die Geheime Staatspolizei der Nationalsozialisten

2 Der österreichische Bundeskanzler Schuschnigg erklärt am 11. März 1938 in einer Radioansprache seinen Rücktritt; am 12. März marschieren deutsche Soldaten in Österreich ein.

3 SS: Abkürzung für Schutzstaffel, nationalsozialistische Elite-Organisation, die 1925 als Hitlers Leibgarde gegründet wurde und mit besonderen Befugnissen ausgestattet war; verantwortlich für Terror und Unterdrückung und maßgeblich am Holocaust beteiligt

wiederholte. Es war nur eine flüchtige Bewegung, kaum stärker als ein Hauch, aber sie gab dem ganzen Gesicht eine merkwürdige Unruhe.

„Sie vermuten nun wahrscheinlich, dass ich Ihnen jetzt vom Konzentrationslager erzählen werde, in das doch alle jene übergeführt wurden, die unserem alten Österreich die Treue gehalten, von den Erniedrigungen, Martern, Torturen, die ich dort erlitten. Aber nichts dergleichen geschah. Ich kam in eine andere Kategorie. Ich wurde nicht zu jenen Unglücklichen getrieben, an denen man mit körperlichen und seelischen Erniedrigungen ein lang aufgespartes Ressentiment[1] austobte, sondern jener anderen, ganz kleinen Gruppe zugeteilt, aus der die Nationalsozialisten entweder Geld oder wichtige Informationen herauszupressen hofften. An sich war meine bescheidene Person natürlich der Gestapo völlig uninteressant. Sie mussten aber erfahren haben, dass wir die Strohmänner, die Verwalter und Vertrauten ihrer erbittertsten Gegner gewesen, und was sie von mir zu erpressen hofften, war belastendes Material: Material gegen die Klöster, denen sie Vermögensverschiebungen nachweisen wollten, Material gegen die kaiserliche Familie und all jene, die in Österreich sich aufopfernd für die Monarchie eingesetzt. Sie vermuteten – und wahrhaftig nicht zu Unrecht –, dass von jenen Fonds, die durch unsere Hände gegangen waren, wesentliche Bestände sich noch, ihrer Raublust unzugänglich, versteckten; sie holten mich darum gleich am ersten Tag heran, um mit ihren bewährten Methoden mir diese Geheimnisse abzuzwingen. Leute meiner Kategorie, aus denen wichtiges Material oder Geld herausgepresst werden sollte, wurden deshalb nicht in Konzentrationslager abgeschoben, sondern für eine besondere Behandlung aufgespart. Sie erinnern sich vielleicht, dass unser Kanzler und anderseits der Baron Rothschild[2], dessen Verwandten sie Millionen abzunötigen hofften, keineswegs hinter Stacheldraht in ein Gefangenenlager

[1] (auf Vorurteilen beruhender) Groll, Hass, Neid

[2] Louis Nathaniel Rothschild (1882–1955): leitete ab 1911 das Wiener Privatbankhaus S. M. v. Rothschild. Wurde nach dem Anschluss Österreichs verhaftet und musste sein Vermögen den Nationalsozialisten überschreiben, um eine Ausreisegenehmigung zu erhalten.

gesetzt wurden, sondern unter scheinbarer Bevorzugung in ein Hotel, das Hotel Metropole[1], das zugleich Hauptquartier der Gestapo war, überführt, wo jeder ein abgesondertes Zimmer erhielt. Auch mir unscheinbarem Mann wurde diese Auszeichnung erwiesen.

Ein eigenes Zimmer in einem Hotel – nicht wahr, das klingt an sich äußerst human? Aber Sie dürfen mir glauben, dass man uns keineswegs eine humanere, sondern nur eine raffiniertere Methode zudachte, wenn man uns ‚Prominente' nicht zu zwanzig in eine eiskalte Baracke stopfte, sondern in einem leidlich geheizten und separaten Hotelzimmer behauste. Denn die Pression[2], mit der man uns das benötigte ‚Material' abzwingen wollte, sollte auf subtilere[3] Weise funktionieren als durch rohe Prügel oder körperliche Folterung: durch die denkbar raffinierteste Isolierung. Man tat uns nichts – man stellte uns nur in das vollkommene Nichts, denn bekanntlich erzeugt kein Ding auf Erden einen solchen Druck auf die menschliche Seele wie das Nichts. Indem man uns jeden einzeln in ein völliges Vakuum sperrte, in ein Zimmer, das hermetisch[4] von der Außenwelt abgeschlossen war, sollte, statt von außen durch Prügel und Kälte, jener Druck von innen erzeugt werden, der uns schließlich die Lippen aufsprengte. Auf den ersten Blick sah das mir zugewiesene Zimmer durchaus nicht unbehaglich aus. Es hatte eine Tür, ein Bett, einen Sessel, eine Waschschüssel, ein vergittertes Fenster. Aber die Tür blieb Tag und Nacht verschlossen, auf dem Tisch durfte kein Buch, keine Zeitung, kein Blatt Papier, kein Bleistift liegen, das Fenster starrte eine Feuermauer an; rings um mein Ich und selbst an meinem eigenen Körper war das vollkommene Nichts konstruiert. Man hatte mir jeden Gegenstand abgenommen, die Uhr, damit ich nicht wisse um die Zeit, den Bleistift, dass ich nicht etwa schreiben könne, das Messer, damit ich mir nicht die Adern öffnen könne; selbst die kleinste Betäubung wie eine Zigarette wur-

---

[1] Das Wiener Hotel am Morzinplatz diente den Nazis nach dem Anschluss Österreichs als Gestapozentrale.
[2] Druck, Zwang
[3] subtil: ausgefeilt, fein strukturiert, schwierig
[4] (hier:) dicht verschlossen, vollständig abgeriegelt

de mir versagt. Nie sah ich außer dem Wärter, der kein Wort sprechen und auf keine Frage antworten durfte, ein menschliches Gesicht, nie hörte ich eine menschliche Stimme; Auge, Ohr, alle Sinne bekamen von morgens bis nachts und von nachts bis morgens nicht die geringste Nahrung, man blieb mit sich, mit seinem Körper und den vier oder fünf stummen Gegenständen Tisch, Bett, Fenster, Waschschüssel rettungslos allein; man lebte wie ein Taucher unter der Glasglocke im schwarzen Ozean dieses Schweigens und wie ein Taucher sogar, der schon ahnt, dass das Seil nach der Außenwelt abgerissen ist und er nie zurückgeholt werden wird aus der lautlosen Tiefe. Es gab nichts zu tun, nichts zu hören, nichts zu sehen, überall und ununterbrochen war um einen das Nichts, die völlige raumlose und zeitlose Leere. Man ging auf und ab, und mit einem gingen die Gedanken auf und ab, auf und ab, immer wieder. Aber selbst Gedanken, so substanzlos sie scheinen, brauchen einen Stützpunkt, sonst beginnen sie zu rotieren und sinnlos um sich selbst zu kreisen; auch sie ertragen nicht das Nichts.

Man wartete auf etwas, von morgens bis abends, und es geschah nichts. Man wartete wieder und wieder. Es geschah nichts. Man wartete, wartete, wartete, man dachte, man dachte, man dachte, bis einem die Schläfen schmerzten. Nichts geschah. Man blieb allein. Allein. Allein.

Das dauerte vierzehn Tage, die ich außerhalb der Zeit, außerhalb der Welt lebte. Wäre damals ein Krieg ausgebrochen, ich hätte es nicht erfahren; meine Welt bestand doch nur aus Tisch, Tür, Bett, Waschschüssel, Sessel, Fenster und Wand, und immer starrte ich auf dieselbe Tapete an derselben Wand; jede Linie ihres gezackten Musters hat sich wie mit ehernem Stichel[1] eingegraben bis in die innerste Falte meines Gehirns, so oft habe ich sie angestarrt. Dann endlich begannen die Verhöre. Man wurde plötzlich abgerufen, ohne recht zu wissen, ob es Tag war oder Nacht. Man wurde gerufen und durch ein paar Gänge geführt, man wusste nicht wohin; dann wartete man irgendwo und wusste nicht wo und

---

[1] ehern: eisern, erzen; Stichel: frühzeitliches Steinwerkzeug mit kurzer Spitze, Grabstichel zum Gravieren von Holz und Metall

stand plötzlich vor einem Tisch, um den ein paar uniformierte Leute saßen. Auf dem Tisch lag ein Stoß Papier: die Akten, von denen man nicht wusste, was sie enthielten, und dann begannen die Fragen, die echten und die falschen, die klaren und die tückischen, die Deckfragen und Fangfragen, und während man antwortete, blätterten fremde, böse Finger in den Papieren, von denen man nicht wusste, was sie enthielten, und fremde, böse Finger schrieben etwas in ein Protokoll, und man wusste nicht, was sie schrieben. Aber das Fürchterlichste bei diesen Verhören für mich war, dass ich nie erraten und errechnen konnte, was die Gestapoleute von den Vorgängen in meiner Kanzlei tatsächlich wussten und was sie erst aus mir herausholen wollten. Wie ich Ihnen bereits sagte, hatte ich die eigentlich belastenden Papiere meinem Onkel in letzter Stunde durch die Haushälterin geschickt. Aber hatte er sie erhalten? Hatte er sie nicht erhalten? Und wie viel hatte jener Kanzlist verraten? Wieviel hatten sie an Briefen aufgefangen, wieviel inzwischen in den deutschen Klöstern, die wir vertraten, einem ungeschickten Geistlichen vielleicht schon abgepresst? Und sie fragten und fragten. Welche Papiere ich für jenes Kloster gekauft, mit welchen Banken ich korrespondiert[1], ob ich einen Herrn Soundso kenne oder nicht, ob ich Briefe aus der Schweiz erhalten und aus Stenookerzeel[2]? Und da ich nie errechnen konnte, wie viel sie schon ausgekundschaftet hatten, wurde jede Antwort zur ungeheuersten Verantwortung. Gab ich etwas zu, was ihnen nicht bekannt war, so lieferte ich vielleicht unnötig jemanden ans Messer. Leugnete ich zu viel ab, so schädigte ich mich selbst.

Aber das Verhör war noch nicht das Schlimmste. Das Schlimmste war das Zurückkommen nach dem Verhör in mein Nichts, in dasselbe Zimmer mit demselben Tisch, demselben Bett, derselben Waschschüssel, derselben Tapete. Denn kaum allein mit mir, versuchte ich zu rekonstruieren, was ich am klügsten hätte antwor-

---

1 korrespondieren: mit jemandem im Briefwechsel stehen

2 belgische Kleinstadt in der Nähe Brüssels, von 1929–40 Aufenthaltsort der letzten österreichischen Kaiserin Zita von Bourbon-Parma (1892–1989) und ihrer Familie

ten sollen und was ich das nächste Mal sagen müsste, um den Verdacht wieder abzulenken, den ich vielleicht mit einer unbedachten Bemerkung heraufbeschworen. Ich überlegte, ich durchdachte, ich durchforschte, ich überprüfte meine eigene Aussage auf jedes Wort, das ich dem Untersuchungsrichter gesagt, ich rekapitulierte jede Frage, die sie gestellt, jede Antwort, die ich gegeben, ich versuchte zu erwägen, was sie davon protokolliert haben könnten, und wusste doch, dass ich das nie errechnen und erfahren könnte. Aber diese Gedanken, einmal angekurbelt im leeren Raum, hörten nicht auf, im Kopf zu rotieren, immer wieder von Neuem, in immer anderen Kombinationen, und das ging hinein bis in den Schlaf; jedes Mal nach einer Vernehmung durch die Gestapo übernahmen ebenso unerbittlich meine eigenen Gedanken die Marter des Fragens und Forschens und Quälens, und vielleicht noch grausamer sogar, denn jene Vernehmungen endeten doch immerhin nach einer Stunde, und diese nie, dank der tückischen Tortur dieser Einsamkeit. Und immer um mich nur der Tisch, der Schrank, das Bett, die Tapete, das Fenster, keine Ablenkung, kein Buch, keine Zeitung, kein fremdes Gesicht, kein Bleistift, um etwas zu notieren, kein Zündholz, um damit zu spielen, nichts, nichts, nichts. Jetzt erst gewahrte ich, wie teuflisch sinnvoll, wie psychologisch mörderisch erdacht dieses System des Hotelzimmers war. Im Konzentrationslager hätte man vielleicht Steine karren müssen, bis einem die Hände bluteten und die Füße in den Schuhen abfroren, man wäre zusammengepackt gelegen mit zwei Dutzend Menschen in Stank und Kälte. Aber man hätte Gesichter gesehen, man hätte ein Feld, einen Karren, einen Baum, einen Stern, irgend, irgendetwas anstarren können, indes hier immer dasselbe um einen stand, immer dasselbe, das entsetzliche Dasselbe. Hier war nichts, was mich ablenken konnte von meinen Gedanken, von meinen Wahnvorstellungen, von meinem krankhaften Rekapitulieren. Und gerade das beabsichtigten sie – ich sollte doch würgen und würgen an meinen Gedanken, bis sie mich erstickten und ich nicht anders konnte, als sie schließlich ausspeien, als auszusagen, alles auszusagen, was sie wollten, endlich das Material und die Menschen auszuliefern. Allmählich spürte ich, wie meine Nerven unter diesem grässlichen

Druck des Nichts sich zu lockern begannen, und ich spannte, der Gefahr bewusst, bis zum Zerreißen meine Nerven, irgendeine Ablenkung zu finden oder zu erfinden. Um mich zu beschäftigen, versuchte ich alles, was ich jemals auswendig gelernt, zu rezitieren[1] und zu rekonstruieren, die Volkshymne und die Spielreime der Kinderzeit, den Homer[2] des Gymnasiums, die Paragrafen des Bürgerlichen Gesetzbuchs. Dann versuchte ich zu rechnen, beliebige Zahlen zu addieren, zu dividieren, aber mein Gedächtnis hatte im Leeren keine festhaltende Kraft. Ich konnte mich auf nichts konzentrieren. Immer fuhr und flackerte derselbe Gedanke dazwischen: Was wissen sie? Was habe ich gestern gesagt, was muss ich das nächste Mal sagen?

Dieser eigentlich unbeschreibbare Zustand dauerte vier Monate. Nun – vier Monate, das schreibt sich leicht hin: just ein Dutzend Buchstaben! Das spricht sich leicht aus: vier Monate – vier Silben. In einer Viertelsekunde hat die Lippe rasch so einen Laut artikuliert: vier Monate! Aber niemand kann schildern, kann messen, kann veranschaulichen, nicht einem andern, nicht sich selbst, wie lange eine Zeit im Raumlosen, im Zeitlosen währt, und keinem kann man erklären, wie es einen zerfrisst und zerstört, dieses Nichts und Nichts und Nichts um einen, dies immer nur Tisch und Bett und Waschschüssel und Tapete, und immer das Schweigen, immer derselbe Wärter, der, ohne einen anzusehen, das Essen hereinschiebt, immer dieselben Gedanken, die im Nichts um das eine kreisen, bis man irre wird. An kleinen Zeichen wurde ich beunruhigt gewahr, dass mein Gehirn in Unordnung geriet. Im Anfang war ich bei den Vernehmungen noch innerlich klar gewesen, ich hatte ruhig und überlegt ausgesagt; jenes Doppeldenken, was ich sagen sollte und was nicht, hatte noch funktioniert. Jetzt konnte ich schon die einfachsten Sätze nur mehr stammelnd artikulieren, denn während ich aussagte, starrte ich hypnotisiert auf die Feder, die protokollierend über das Papier lief, als wollte ich meinen eigenen Worten nachlaufen. Ich spürte, meine Kraft ließ nach, ich spürte, immer näher rückte der Augen-

1 einen literarischen Text öffentlich (hier: sich selber) vortragen
2 griechischer Dichter (8. Jhdt. v. Chr.)

blick, wo ich, um mich zu retten, alles sagen würde, was ich wusste, und vielleicht noch mehr, in dem ich, um dem Würgen dieses Nichts zu entkommen, zwölf Menschen und ihre Geheimnisse verraten würde, ohne mir selbst damit mehr zu schaffen als einen Atemzug Rast. An einem Abend war es wirklich schon so weit: als der Wärter zufällig in diesem Augenblick des Erstickens mir das Essen brachte, schrie ich ihm plötzlich nach: „Führen Sie mich zur Vernehmung! Ich will alles sagen! Ich will alles aussagen! Ich will sagen, wo die Papiere sind, wo das Geld liegt! Alles werde ich sagen, alles!" Glücklicherweise hörte er mich nicht mehr. Vielleicht wollte er mich auch nicht hören.

In dieser äußersten Not ereignete sich nun etwas Unvorhergesehenes, was Rettung bot, Rettung zum Mindesten für eine gewisse Zeit. Es war Ende Juli, ein dunkler, verhangener, regnerischer Tag: ich erinnere mich an diese Einzelheit deshalb ganz genau, weil der Regen gegen die Scheiben im Gang trommelte, durch den ich zur Vernehmung geführt wurde. Im Vorzimmer des Untersuchungsrichters musste ich warten. Immer musste man bei jeder Vorführung warten: auch dieses Wartenlassen gehörte zur Technik. Erst riss man einem die Nerven auf durch den Anruf, durch das plötzliche Abholen aus der Zelle mitten in der Nacht, und dann, wenn man schon eingestellt war auf die Vernehmung, schon Verstand und Willen gespannt hatte zum Widerstand, lie-ßen sie einen warten, sinnlos-sinnvoll warten, eine Stunde, zwei Stunden, drei Stunden vor der Vernehmung, um den Körper müde, um die Seele mürbe zu machen. Und man ließ mich besonders lange warten an diesem Mittwoch, dem 27. Juli, zwei geschlagene Stunden im Vorzimmer stehend warten; ich erinnere mich auch an dieses Datum aus einem bestimmten Grunde so genau, denn in diesem Vorzimmer, wo ich – selbstverständlich, ohne mich niedersetzen zu dürfen – zwei Stunden mir die Beine in den Leib stehen musste, hing ein Kalender, und ich vermag Ihnen nicht zu erklären, wie in meinem Hunger nach Gedrucktem, nach Geschriebenem ich diese eine Zahl, diese wenigen Worte „27. Juli" an der Wand anstarrte und anstarrte; ich fraß sie gleichsam in mein Gehirn hinein. Und dann wartete ich wieder und wartete und starrte auf die Tür, wann sie sich endlich öffnen würde, und überlegte zugleich, was die Inquisitoren[1] mich diesmal fragen könnten, und wusste doch, dass sie mich etwas ganz anderes fragen würden, als worauf ich mich vorbereitete. Aber trotz alledem war die Qual dieses Wartens und Stehens zugleich eine Wohltat, eine Lust, weil dieser Raum immerhin ein anderes Zimmer war als das meine, etwas größer und mit zwei Fenstern statt einem, und ohne das Bett und ohne die Waschschüssel und ohne den bestimmten Riss am Fensterbrett, den ich millionenmal betrachtet. Die Tür war anders gestrichen, ein anderer Sessel stand an der Wand und links ein Registerschrank mit Akten sowie eine Garderobe mit Aufhängern, an denen drei oder vier nasse Militärmäntel, die Mäntel meiner Folterknechte, hingen. Ich hatte also etwas Neues, etwas anderes zu betrachten, endlich einmal etwas anderes mit meinen ausgehungerten Augen, und sie krallten sich gierig an jede Einzelheit. Ich beobachtete an diesen Mänteln jede Falte, ich bemerkte zum Beispiel einen Tropfen, der von einem der nassen Kragen niederhing, und so lächerlich es für Sie klingen mag, ich wartete mit einer unsinnigen Erregung, ob dieser Tropfen endlich abrinnen wollte, die Falte entlang, oder ob er noch gegen die Schwerkraft sich wehren und länger haften bleiben würde – ja, ich starrte und starrte minutenlang atemlos auf diesen Tropfen, als hinge mein Leben daran. Dann, als er endlich niedergerollt war, zählte ich wieder die Knöpfe auf den Mänteln nach, acht an dem einen Rock, acht an dem andern, zehn an dem dritten, dann wieder verglich ich die Aufschläge; alle diese lächerlichen, unwichtigen Kleinigkeiten betasteten, umspielten, umgriffen meine verhungerten Augen mit einer Gier, die ich nicht zu beschreiben vermag. Und plötzlich blieb mein Blick starr an etwas haften. Ich hatte entdeckt, dass an einem der Mäntel die Seitentasche etwas aufgebauscht war. Ich trat näher heran und glaubte an der rechteckigen Form der Ausbuchtung zu erkennen, was diese etwas geschwellte Tasche in sich barg: ein Buch! Mir begannen die Knie zu zittern: ein BUCH! Vier Monate lang hatte ich kein Buch in der Hand gehabt, und schon die bloße Vorstellung eines Buches, in dem man aneinandergereihte Worte sehen konnte, Zeilen, Sei-

[1] Inquisitor: Leiter einer kirchlichen Untersuchung gegen Ketzer, Untersuchungsrichter; hier: Fragensteller und Peiniger

ten und Blätter, eines Buches, aus dem man andere, neue, fremde, ablenkende Gedanken lesen, verfolgen, sich ins Hirn nehmen könnte, hatte etwas Berauschendes und gleichzeitig Betäubendes. Hypnotisiert starrten meine Augen auf die kleine Wölbung, die jenes Buch innerhalb der Tasche formte, sie glühten diese eine unscheinbare Stelle an, als ob sie ein Loch in den Mantel brennen wollten. Schließlich konnte ich meine Gier nicht verhalten; unwillkürlich schob ich mich näher heran. Schon der Gedanke, ein Buch durch den Stoff mit den Händen wenigstens antasten zu können, machte mir die Nerven in den Fingern bis zu den Nägeln glühen. Fast ohne es wissen, drückte ich mich immer näher heran. Glücklicherweise achtete der Wärter nicht auf mein gewiss sonderbares Gehaben; vielleicht auch schien es ihm nur natürlich, dass ein Mensch nach zwei Stunden aufrechten Stehens sich ein wenig an die Wand lehnen wollte. Schließlich stand ich schon ganz nahe bei dem Mantel, und mit Absicht hatte ich die Hände hinter mich auf den Rücken gelegt, damit sie unauffällig den Mantel berühren könnten. Ich tastete den Stoff an und fühlte tatsächlich durch den Stoff etwas Rechteckiges, etwas, das biegsam war und leise knisterte – ein Buch! Ein Buch! Und wie ein Schuss durchzuckte mich der Gedanke: stiehl dir das Buch! Vielleicht gelingt es, und du kannst dir's in der Zelle verstecken und dann lesen, lesen, lesen, endlich wieder einmal lesen! Der Gedanke, kaum in mich gedrungen, wirkte wie ein starkes Gift; mit einem Mal begannen mir die Ohren zu brausen und das Herz zu hämmern, meine Hände wurden eiskalt und gehorchten nicht mehr. Aber nach der ersten Betäubung drängte ich mich leise und listig noch näher an den Mantel, ich drückte, immer dabei den Wächter fixierend, mit den hinter dem Rücken versteckten Händen das Buch von unten aus der Tasche höher und höher. Und dann: ein Griff, ein leichter, vorsichtiger Zug, und plötzlich hatte ich das kleine, nicht sehr umfangreiche Buch in der Hand. Jetzt erst erschrak ich vor meiner Tat. Aber ich konnte nicht mehr zurück. Jedoch wohin damit? Ich schob den Band hinter meinem Rücken unter die Hose an die Stelle, wo sie der Gürtel hielt, und von dort allmählich hinüber an die Hüfte, damit ich es beim Gehen mit der Hand militärisch an der Hosennaht festhalten könnte. Nun galt es die erste Probe. Ich trat von der

Garderobe weg, einen Schritt, zwei Schritte, drei Schritte. Es ging. Es war möglich, das Buch im Gehen festzuhalten, wenn ich nur die Hand fest an den Gürtel presste.

Dann kam die Vernehmung. Sie erforderte meinerseits mehr Anstrengung als je, denn eigentlich konzentrierte ich meine ganze Kraft, während ich antwortete, nicht auf meine Aussage, sondern vor allem darauf, das Buch unauffällig festzuhalten. Glücklicherweise fiel das Verhör diesmal kurz aus, und ich brachte das Buch heil in mein Zimmer – ich will Sie nicht aufhalten mit all den Einzelheiten, denn einmal rutschte es von der Hose gefährlich ab mitten im Gang, und ich musste einen schweren Hustenanfall simulieren, um mich niederzubücken und es wieder heil unter den Gürtel zurückzuschieben. Aber welch eine Sekunde dafür, als ich damit in meine Hölle zurücktrat, endlich allein und doch nicht mehr allein!

Nun vermuten Sie wahrscheinlich, ich hätte sofort das Buch gepackt, betrachtet, gelesen. Keineswegs! Erst wollte ich die Vorlust auskosten, dass ich ein Buch bei mir hatte, die künstlich verzögernde und meine Nerven wunderbar erregende Lust, mir auszuträumen, welche Art Buch dies gestohlene am liebsten sein sollte: sehr eng gedruckt vor allem, viele, viele Lettern enthaltend, viele, viele dünne Blätter, damit ich länger daran zu lesen hätte. Und dann wünschte ich mir, es sollte ein Werk sein, das mich geistig anstrengte, nichts Flaches, nichts Leichtes, sondern etwas, das man lernen, auswendig lernen konnte, Gedichte, und am besten – welcher verwegene Traum! – Goethe oder Homer. Aber schließlich konnte ich meine Gier, meine Neugier nicht länger verhalten. Hingestreckt auf das Bett, sodass der Wärter, wenn er plötzlich die Tür aufmachen sollte, mich nicht ertappen könnte, zog ich zitternd unter dem Gürtel den Band heraus.

Der erste Blick war eine Enttäuschung und sogar eine Art erbitterter Ärger: dieses mit so ungeheurer Gefahr erbeutete, mit so glühender Erwartung aufgesparte Buch war nichts anderes als ein Schachrepetitorium[1], eine Sammlung von hundertfünfzig Meisterpartien. Wäre ich nicht verriegelt, verschlossen gewesen, ich

1 Repetitorium: Wiederholungsbuch, Übungsbuch

hätte im ersten Zorn das Buch durch ein offenes Fenster geschleudert, denn was sollte, was konnte ich mit diesem Nonsens beginnen? Ich hatte als Knabe im Gymnasium wie die meisten anderen mich ab und zu aus Langeweile vor einem Schachbrett versucht. Aber was sollte mir dieses theoretische Zeug? Schach kann man doch nicht spielen ohne einen Partner und schon gar nicht ohne Steine, ohne Brett. Verdrossen blätterte ich die Seiten durch, um vielleicht dennoch etwas Lesbares zu entdecken, eine Einleitung, eine Anleitung; aber ich fand nichts als die nackten quadratischen Schemata der einzelnen Meisterpartien und darunter mir zunächst unverständliche Zeichen, a2–a3, Sf1–g3 und so weiter. Alles das schien nur eine Art Algebra, zu der ich keinen Schlüssel fand. Erst allmählich enträtselte ich, dass die Buchstaben a, b, c für die Längsreihen, die Zahlen 1 bis 8 für die Querreihen eingesetzt waren und den jeweiligen Stand jeder einzelnen Figur bestimmten; damit bekamen die rein grafischen Schemata immerhin eine Sprache. Vielleicht, überlegte ich, könnte ich mir in meiner Zelle eine Art Schachbrett konstruieren und dann versuchen, diese Partien nachzuspielen; wie ein himmlischer Wink erschien es mir, dass mein Betttuch sich zufällig als grob kariert erwies. Richtig zusammengefaltet, ließ es sich am Ende so legen, um vierundsechzig Felder zusammenzubekommen. Ich versteckte also zunächst das Buch unter der Matratze und riss nur die erste Seite heraus. Dann begann ich aus kleinen Krümeln, die ich mir von meinem Brot absparte, in selbstverständlich lächerlich unvollkommener Weise die Figuren des Schachs, König, Königin und so weiter, zurechtzumodeln; nach endlosem Bemühen konnte ich es schließlich unternehmen, auf dem karierten Betttuch die im Schachbuch abgebildete Position zu rekonstruieren. Als ich aber versuchte, die ganze Partie nachzuspielen, misslang es zunächst vollkommen mit meinen lächerlichen Krümelfiguren, von denen ich zur Unterscheidung die eine Hälfte mit Staub dunkler gefärbt hatte. Ich verwirrte mich in den ersten Tagen unablässig; fünfmal, zehnmal, zwanzigmal musste ich diese eine Partie immer wieder von Anfang beginnen. Aber wer auf Erden verfügte über so viel ungenützte und nutzlose Zeit wie ich, der Sklave des Nichts, wem stand so viel unermessliche Gier und Geduld zu Gebot? Nach sechs Tagen spielte ich schon die Partie tadellos zu Ende, nach weiteren acht Tagen benötigte ich nicht einmal die Krümel auf dem Betttuch mehr, um mir die Position aus dem Schachbuch zu vergegenständlichen, und nach weiteren acht Tagen wurde auch das karierte Betttuch entbehrlich; automatisch verwandelten sich die anfangs abstrakten Zeichen des Buches a1, a2, c7, c8 hinter meiner Stirn zu visuellen, zu plastischen Positionen. Die Umstellung war restlos gelungen: ich hatte das Schachbrett mit seinen Figuren nach innen projiziert und überblickte auch dank der bloßen Formeln die jeweilige Position, so wie einem geübten Musiker der bloße Anblick der Partitur schon genügt, um alle Stimmen und ihren Zusammenklang zu hören. Nach weiteren vierzehn Tagen war ich mühelos imstande, jede Partie aus dem Buch auswendig – oder, wie der Fachausdruck lautet: blind nachzuspielen; jetzt erst begann ich zu verstehen, welche unermessliche Wohltat mein frecher Diebstahl mir eroberte. Denn ich hatte mit einem Male eine Tätigkeit – eine sinnlose, eine zwecklose, wenn Sie wollen, aber doch eine, die das Nichts um mich zunichtemachte, ich besaß mit den hundertfünfzig Turnierpartien eine wunderbare Waffe gegen die erdrückende Monotonie des Raumes und der Zeit. Um mir den Reiz der neuen Beschäftigung ungebrochen zu bewahren, teilte ich mir von nun ab jeden Tag genau ein: zwei Partien morgens, zwei Partien nachmittags, abends dann noch eine rasche Wiederholung. Damit war mein Tag, der sich sonst wie Gallert[1] formlos dehnte, ausgefüllt, ich war beschäftigt, ohne mich zu ermüden, denn das Schachspiel besitzt den wunderbaren Vorzug, durch Bannung der geistigen Energien auf ein eng begrenztes Feld selbst bei anstrengendster Denkleistung das Gehirn nicht zu erschlaffen, sondern eher seine Agilität[2] und Spannkraft zu schärfen. Allmählich begann bei dem zuerst bloß mechanischen Nachspielen der Meisterpartien ein künstlerisches, ein lusthaftes Verständnis in mir zu erwachen. Ich lernte die Feinheiten, die Tücken

1 durchsichtige, gelatineartige, zähe Masse aus eingedickten pflanzlichen oder tierischen Säften

2 Beweglichkeit, Lebendigkeit

und Schärfen in Angriff und Verteidigung verstehen, ich erfasste die Technik des Vorausdenkens, Kombinierens, Ripostierens[1] und erkannte bald die persönliche Note jedes einzelnen Schachmeisters in seiner individuellen Führung so unfehlbar, wie man Verse eines Dichters schon aus wenigen Zeilen feststellt; was als bloß zeitfüllende Beschäftigung begonnen, wurde Genuss, und die Gestalten der großen Schachstrategen, wie Aljechin, Lasker, Bogoljubow, Tartakower, traten als geliebte Kameraden in meine Einsamkeit. Unendliche Abwechslung beseelte täglich die stumme Zelle, und gerade die Regelmäßigkeit meiner Exerzitien[2] gab meiner Denkfähigkeit die schon erschütterte Sicherheit zurück: ich empfand mein Gehirn aufgefrischt und durch die ständige Denkdisziplin sogar noch gleichsam neu geschliffen. Dass ich klarer und konziser[3] dachte, erwies sich vor allem bei den Vernehmungen; unbewusst hatte ich mich auf dem Schachbrett in der Verteidigung gegen falsche Drohungen und verdeckte Winkelzüge vervollkommnet; von diesem Zeitpunkt an gab ich mir bei den Vernehmungen keine Blöße mehr, und mir dünkte[4] sogar, dass die Gestapoleute mich allmählich mit einem gewissen Respekt zu betrachten begannen. Vielleicht fragten sie sich im Stillen, da sie alle anderen zusammenbrechen sahen, aus welchen geheimen Quellen ich allein die Kraft solch unerschütterlichen Widerstands schöpfte.

Diese meine Glückszeit, da ich die hundertfünfzig Partien jenes Buches Tag für Tag systematisch nachspielte, dauerte etwa zweieinhalb bis drei Monate. Dann geriet ich unvermuteterweise an einen toten Punkt. Plötzlich stand ich neuerdings vor dem Nichts. Denn sobald ich jede einzelne Partie zwanzig- oder dreißigmal durchgespielt hatte, verlor sie den Reiz der Neuheit, der Überraschung, ihre vordem so aufregende, so anregende Kraft war erschöpft. Welchen Sinn hatte es, nochmals und nochmals Partien zu wiederholen, die ich Zug um Zug längst auswendig kannte?

1 ripostieren: eine Riposte ausführen; Riposte: bezeichnet beim Fechten den unmittelbaren Gegenstoß nach einem abgewehrten Angriff
2 (hier:) Übungen; (eigentl.:) geistliche Übungen eines Katholiken
3 konzis: kurz, bündig
4 (hier:) schien es

Kaum ich die erste Eröffnung getan, klöppelte sich ihr Ablauf gleichsam automatisch in mir ab[1], es gab keine Überraschung mehr, keine Spannungen, keine Probleme. Um mich zu beschäftigen, um mir die schon unentbehrlich gewordene Anstrengung und Ablenkung zu schaffen, hätte ich eigentlich ein anderes Buch mit anderen Partien gebraucht. Da dies aber vollkommen unmöglich war, gab es nur einen Weg auf dieser sonderbaren Irrbahn: ich musste mir statt der alten Partien neue erfinden. Ich musste versuchen, mit mir selbst oder vielmehr gegen mich selbst zu spielen.

Ich weiß nun nicht, bis zu welchem Grade Sie über die geistige Situation bei diesem Spiel der Spiele nachgedacht haben. Aber schon die flüchtigste Überlegung dürfte ausreichen, um klarzumachen, dass beim Schach als einem reinen, vom Zufall abgelösten Denkspiel es logischerweise eine Absurdität bedeutet, gegen sich selbst spielen zu wollen. Das Attraktive des Schachs beruht doch im Grunde einzig darin, dass sich seine Strategie in zwei verschiedenen Gehirnen verschieden entwickelt, dass in diesem geistigen Krieg Schwarz die jeweiligen Manöver von Weiß nicht kennt und ständig zu erraten und zu durchkreuzen sucht, während seinerseits wiederum Weiß die geheimen Absichten von Schwarz zu überholen und parieren strebt. Bildeten nun Schwarz und Weiß ein und dieselbe Person, so ergäbe sich der widersinnige Zustand, dass ein und dasselbe Gehirn gleichzeitig etwas wissen und doch nicht wissen sollte, dass es als Partner Weiß funktionierend, auf Kommando völlig vergessen könnte, was es eine Minute vorher als Partner Schwarz gewollt und beabsichtigt. Ein solches Doppeldenken setzt eigentlich eine vollkommene Spaltung des Bewusstseins voraus, ein beliebiges Auf- und Abblenden – können der Gehirnfunktion wie bei einem mechanischen Apparat; gegen sich selbst spielen zu wollen, bedeutet also im Schach eine solche Paradoxie, wie über seinen eigenen Schatten zu springen. Nun, um mich kurz zu fassen, diese Unmöglichkeit, diese Absurdität habe ich in meiner Verzweiflung monatelang versucht. Aber ich hatte keine Wahl als diesen Widersinn, um nicht

[1] sich abklöppeln (hier): sich abspulen, sich entfalten

dem puren Irrsinn oder einem völligen geistigen Marasmus[1] zu verfallen. Ich war durch meine fürchterliche Situation gezwungen, diese Spaltung in ein Ich Schwarz und ein Ich Weiß zumindest zu versuchen, um nicht erdrückt zu werden von dem grauenhaften Nichts um mich."

Dr. B. lehnte sich zurück in den Liegestuhl und schloss für eine Minute die Augen. Es war, als ob er eine verstörende Erinnerung gewaltsam unterdrücken wollte. Wieder lief das merkwürdige Zucken, das er nicht zu beherrschen wusste, um den linken Mundwinkel. Dann richtete er sich in seinem Lehnstuhl etwas höher auf. „So – bis zu diesem Punkte hoffe ich, Ihnen alles ziemlich verständlich erklärt zu haben. Aber ich bin leider keineswegs gewiss, ob ich das Weitere Ihnen noch ähnlich deutlich veranschaulichen kann. Denn diese neue Beschäftigung erforderte eine so unbedingte Anspannung des Gehirns, dass sie jede gleichzeitige Selbstkontrolle unmöglich machte. Ich deutete Ihnen schon an, dass meiner Meinung nach es an sich schon Nonsens bedeutet, Schach gegen sich selber spielen zu wollen; aber selbst diese Absurdität hätte immerhin noch eine minimale Chance mit einem realen Schachbrett vor sich, weil das Schachbrett durch seine Realität immerhin noch eine gewisse Distanz, eine materielle Exterritorialisierung[2] erlaubt. Vor einem wirklichen Schachbrett mit wirklichen Figuren kann man Überlegungspausen einschalten, man kann sich rein körperlich bald auf die eine Seite, bald auf die andere Seite des Tisches stellen und damit die Situation bald vom Standpunkt Schwarz, bald vom Standpunkt Weiß ins Auge fassen. Aber genötigt, wie ich es war, diese Kämpfe gegen mich selbst oder, wenn Sie wollen, mit mir selbst in einen imaginären Raum zu projizieren, war ich gezwungen, in meinem Bewusstsein die jeweilige Stellung auf den vierundsechzig Feldern deutlich festzuhalten und außerdem nicht nur die momentane Figuration[3], sondern auch schon die möglichen weiteren Züge von beiden Partnern mir auszukalku-

---

[1] Kräfteverfall

[2] Exterritorialität: Unabhängigkeit bzw. Unantastbarkeit von der Gerichtsbarkeit des Aufenthaltsstaates; (hier:) Unabhängigkeit von der Gedankenwelt Dr. B.s

[3] Stellung der Schachfiguren

lieren, und zwar – ich weiß, wie absurd dies alles klingt – mir doppelt und dreifach zu imaginieren, nein, sechsfach, achtfach, zwölffach, für jedes meiner Ich, für Schwarz und Weiß immer schon vier und fünf Züge voraus. Ich musste – verzeihen Sie, dass ich Ihnen zumute, diesen Irrsinn durchzudenken – bei diesem Spiel im abstrakten Raum der Fantasie als Spieler Weiß vier oder fünf Züge vorausberechnen und ebenso als Spieler Schwarz, also alle sich in der Entwicklung ergebenden Situationen gewissermaßen mit zwei Gehirnen vorauskombinieren, mit dem Gehirn Weiß und dem Gehirn Schwarz. Aber selbst diese Selbstzerteilung war noch nicht das Gefährlichste an meinem abstrusen Experiment, sondern dass ich durch das selbstständige Ersinnen von Partien mit einem Mal den Boden unter den Füßen verlor und ins Bodenlose geriet. Das bloße Nachspielen der Meisterpartien, wie ich es in den vorhergehenden Wochen geübt, war schließlich nichts als eine reproduktive[1] Leistung gewesen, ein reines Rekapitulieren einer gegebenen Materie und als solches nicht anstrengender, als wenn ich Gedichte auswendig gelernt hätte oder Gesetzesparagrafen memoriert[2], es war eine begrenzte, eine disziplinierte Tätigkeit und darum ein ausgezeichnetes Exercitium mentale[3]. Meine zwei Partien, die ich morgens, die zwei, die ich nachmittags probte, stellten ein bestimmtes Pensum dar, das ich ohne jeden Einsatz von Erregung erledigte; sie ersetzten mir eine normale Beschäftigung, und überdies hatte ich, wenn ich mich im Ablauf einer Partie irrte oder nicht weiter wusste, an dem Buche noch immer einen Halt. Nur darum war diese Tätigkeit für meine erschütterten Nerven eine so heilsame und eher beruhigende gewesen, weil ein Nachspielen fremder Partien nicht mich selber ins Spiel brachte; ob Schwarz oder Weiß siegte, blieb mir gleichgültig, es waren doch Aljechin oder Bogoljubow, die um die Palme des Champions kämpften, und meine eigene Person, mein Verstand, meine Seele genossen ein-

---

1 reproduktiv: nachahmend, nachbildend
2 memorieren: auswendig lernen
3 Exercitium mentale (lat.): Geistesübung

zig als Zuschauer, als Kenner die Peripetien[1] und Schönheiten jener Partien. Von dem Augenblick an, da ich aber gegen mich zu spielen versuchte, begann ich mich unbewusst herauszufordern. Jedes meiner beiden Ich, mein Ich Schwarz und mein Ich Weiß, hatten zu wetteifern gegeneinander und gerieten jedes für sein Teil in einen Ehrgeiz, in eine Ungeduld, zu siegen, zu gewinnen; ich fieberte als Ich Schwarz nach jedem Zuge, was das Ich Weiß nun tun würde. Jedes meiner beiden Ich triumphierte, wenn das andere einen Fehler machte, und erbitterte sich gleichzeitig über sein eigenes Ungeschick.

Das alles scheint sinnlos, und in der Tat wäre ja eine solche künstliche Schizophrenie, eine solche Bewusstseinsspaltung mit ihrem Einschuss an gefährlicher Erregtheit bei einem normalen Menschen in normalem Zustand undenkbar. Aber vergessen Sie nicht, dass ich aus aller Normalität gewaltsam gerissen war, ein Häftling, unschuldig eingesperrt, seit Monaten raffiniert mit Einsamkeit gemartert, ein Mensch, der seine aufgehäufte Wut längst gegen irgendetwas entladen wollte. Und da ich nichts anderes hatte als dies unsinnige Spiel gegen mich selbst, fuhr meine Wut, meine Rachelust fanatisch in dieses Spiel hinein. Etwas in mir wollte recht behalten, und ich hatte doch nur dieses andere Ich in mir, das ich bekämpfen konnte; so steigerte ich mich während des Spiels in eine fast manische[2] Erregung. Im Anfang hatte ich noch ruhig und überlegt gedacht, ich hatte Pausen eingeschaltet zwischen einer und der andern Partie, um mich von der Anstrengung zu erholen; aber allmählich erlaubten meine gereizten Nerven mir kein Warten mehr. Kaum hatte mein Ich Weiß einen Zug getan, stieß schon mein Ich Schwarz fiebrig vor; kaum war eine Partie beendigt, so forderte ich mich schon zur nächsten heraus, denn jedes Mal war doch eines der beiden Schach-Ich von dem andern besiegt und verlangte Revanche. Nie werde ich auch nur annähernd sagen können, wie viele Partien ich infolge dieser irrwitzigen Unersättlichkeit während dieser letzten Monate in meiner Zelle gegen mich selbst gespielt – vielleicht tausend, vielleicht

---

[1] Peripetie: Wendepunkt, Umschwung
[2] manisch: krankhaft heiter, krankhaft übersteigert

mehr. Es war eine Besessenheit, deren ich mich nicht erwehren konnte; von früh bis nachts dachte ich an nichts als an Läufer und Bauern und Turm und König und a und b und c und Matt und Rochade[1], mit meinem ganzen Sein und Fühlen stieß es mich in das karierte Quadrat. Aus der Spielfreude war eine Spiellust geworden, aus der Spiellust ein Spielzwang, eine Manie[2], eine frenetische[3] Wut, die nicht nur meine wachen Stunden, sondern allmählich auch meinen Schlaf durchdrang. Ich konnte nur Schach denken, nur in Schachbewegungen, Schachproblemen; manchmal wachte ich mit feuchter Stirn auf und erkannte, dass ich sogar im Schlaf unbewusst weitergespielt haben musste, und wenn ich von Menschen träumte, so geschah es ausschließlich in den Bewegungen des Läufers, des Turms, im Vor und Zurück des Rösselsprungs[4]. Selbst wenn ich zum Verhör gerufen wurde, konnte ich nicht mehr konzis an meine Verantwortung denken; ich habe die Empfindung, dass bei den letzten Vernehmungen ich mich ziemlich konfus ausgedrückt haben muss, denn die Verhörenden blickten sich manchmal befremdet an. Aber in Wirklichkeit wartete ich, während sie fragten und berieten, in meiner unseligen Gier doch nur darauf, wieder zurückgeführt zu werden in meine Zelle, um mein Spiel, mein irres Spiel, fortzusetzen, eine neue Partie und noch eine und noch eine. Jede Unterbrechung wurde mir zur Störung; selbst die Viertelstunde, da der Wärter die Gefängniszelle aufräumte, die zwei Minuten, da er mir das Essen brachte, quälten meine fiebrige Ungeduld; manchmal stand abends der Napf mit der Mahlzeit noch unberührt, ich hatte über dem Spiel vergessen zu essen. Das Einzige, was ich körperlich empfand, war ein fürchterlicher Durst; es muss wohl schon das Fieber dieses ständigen Denkens und Spielens gewesen sein; ich trank die Flasche leer in zwei Zügen und quälte den Wärter um mehr und fühlte dennoch im nächsten Augenblick die Zunge

[1] einziger Zug beim Schach, bei dem sich (unter bestimmten Voraussetzungen) zwei Figuren (König und Turm) bewegen können
[2] (hier:) krankhafte Sucht, wahnhafter Zwang, Besessenheit
[3] frenetisch: rasend, tobend
[4] (hier:) Zugbewegung des Springers bzw. Pferdes, das als einzige Schachfigur andere Figuren überspringen kann

schon wieder trocken im Munde. Schließlich steigerte sich meine Erregung während des Spielens – und ich tat nichts anderes mehr von morgens bis nachts zu solchem Grade, dass ich nicht einen Augenblick mehr still zu sitzen vermochte; ununterbrochen ging ich, während ich die Partien überlegte, auf und ab, immer schneller und schneller und schneller auf und ab, auf und ab, und immer hitziger, je mehr sich die Entscheidung der Partie näherte; die Gier, zu gewinnen, zu siegen, mich selbst zu besiegen, wurde allmählich zu einer Art Wut, ich zitterte vor Ungeduld, denn immer war dem einen Schach-Ich in mir das andere zu langsam. Das eine trieb das andere an; so lächerlich es Ihnen vielleicht scheint, ich begann mich zu beschimpfen – ‚schneller, schneller!' oder ‚vorwärts, vorwärts!' –, wenn das eine Ich in mir mit dem andern nicht rasch genug ripostierte. Selbstverständlich bin ich mir heute ganz im Klaren, dass dieser mein Zustand schon eine durchaus pathologische Form geistiger Überreizung war, für die ich eben keinen andern Namen finde als den bisher medizinisch unbekannten: eine Schachvergiftung. Schließlich begann diese monomanische Besessenheit nicht nur mein Gehirn, sondern auch meinen Körper zu attackieren. Ich magerte ab, ich schlief unruhig und verstört, ich brauchte beim Erwachen jedes Mal eine besondere Anstrengung, die bleiernen Augenlider aufzuzwingen; manchmal fühlte ich mich derart schwach, dass, wenn ich ein Trinkglas anfasste, ich es nur mit Mühe bis zu den Lippen brachte, so zitterten mir die Hände; aber kaum das Spiel begann, überkam mich eine wilde Kraft: ich lief auf und ab mit geballten Fäusten, und wie durch einen roten Nebel hörte ich manchmal meine eigene Stimme, wie sie heiser und böse ‚Schach' oder ‚Matt!' sich selber zuschrie.

Wie dieser grauenhafte, dieser unbeschreibbare Zustand zur Krise kam, vermag ich selbst nicht zu berichten. Alles, was ich darüber weiß, ist, dass ich eines Morgens aufwachte, und es war ein anderes Erwachen als sonst. Mein Körper war gleichsam abgelöst von mir, ich ruhte weich und wohlig. Eine dichte, gute Müdigkeit, wie ich sie seit Monaten nicht gekannt, lag auf meinen Lidern, lag so warm und wohltätig auf ihnen, dass ich mich zuerst gar nicht entschließen konnte, die Augen aufzutun. Minuten lag ich schon wach und genoss noch diese schwere Dumpfheit, dies laue Liegen mit wollüstig betäubten Sinnen. Auf einmal war mir, als ob ich hinter mir Stimmen hörte, lebendige menschliche Stimmen, die Worte sprachen, und Sie können sich mein Entzücken nicht ausdenken, denn ich hatte doch seit Monaten, seit bald einem Jahr keine anderen Worte gehört als die harten, scharfen und bösen von der Richterbank. ‚Du träumst', sagte ich mir. ‚Du träumst! Tu keinesfalls die Augen auf! Lass ihn noch dauern, diesen Traum, sonst siehst du wieder die verfluchte Zelle um dich, den Stuhl und den Waschtisch und den Tisch und die Tapete mit dem ewig gleichen Muster. Du träumst – träume weiter!'

Aber die Neugier behielt die Oberhand. Ich schlug langsam und vorsichtig die Lider auf. Und Wunder: es war ein anderes Zimmer, in dem ich mich befand, ein Zimmer, breiter, geräumiger als meine Hotelzelle. Ein ungegittertes Fenster ließ freies Licht herein und einen Blick auf Bäume, grüne, im Wind wogende Bäume statt meiner starren Feuermauer, weiß und glatt glänzten die Wände, weiß und hoch hob sich über mir die Decke – wahrhaftig, ich lag in einem neuen, einem fremden Bett, und wirklich, es war kein Traum, hinter mir flüsterten leise menschliche Stimmen. Unwillkürlich muss ich mich in meiner Überraschung heftig geregt haben, denn schon hörte ich hinter mir einen nahenden Schritt. Eine Frau kam weichen Gelenks heran, eine Frau mit weißer Haube über dem Haar, eine Pflegerin, eine Schwester. Ein Schauer des Entzückens fiel über mich: ich hatte seit einem Jahr keine Frau gesehen. Ich starrte die holde Erscheinung an, und es muss ein wilder, ekstatischer Aufblick gewesen sein, denn ‚Ruhig! Bleiben Sie ruhig!' beschwichtigte mich dringlich die Nahende. Ich aber lauschte nur auf ihre Stimme – war das nicht ein Mensch, der sprach? Gab es wirklich noch auf Erden einen Menschen, der mich nicht verhörte, nicht quälte? Und dazu noch – unfassbares Wunder! – eine weiche, warme, eine fast zärtliche Frauenstimme. Gierig starrte ich auf ihren Mund, denn es war mir in diesem Höllenjahr unwahrscheinlich geworden, dass ein Mensch gütig zu einem andern sprechen könnte. Sie lächelte mir zu – ja, sie lächelte, es gab noch Menschen, die gütig lächeln konnten –, dann legte sie den Finger mahnend auf die Lippen und ging leise weiter. Aber ich konnte ihrem Gebot nicht gehorchen. Ich hatte mich noch nicht sattgesehen an dem Wunder. Gewaltsam versuchte ich mich in dem Bette aufzurichten, um ihr nachzublicken, diesem Wunder eines menschlichen Wesens nachzublicken, das gütig war. Aber wie ich mich am Bettrande aufstützen wollte, gelang es mir nicht. Wo sonst meine rechte Hand gewesen, Finger und Gelenk, spürte ich etwas Fremdes, einen dicken, großen, weißen Bausch, offenbar einen umfangreichen Verband. Ich staunte dieses Weiße, Dicke, Fremde an meiner Hand zuerst verständnislos an, dann begann ich langsam zu begreifen, wo ich war, und zu überlegen, was mit mir geschehen sein mochte. Man musste mich verwundet haben, oder ich hatte mich selbst an der Hand verletzt. Ich befand mich in einem Hospital.

Mittags kam der Arzt, ein freundlicher älterer Herr. Er kannte den Namen meiner Familie und erwähnte derart respektvoll meinen Onkel, den kaiserlichen Leibarzt, dass mich sofort das Gefühl überkam, er meine es gut mit mir. Im weiteren Verlauf richtete er allerhand Fragen an mich, vor allem eine, die mich erstaunte – ob ich Mathematiker sei oder Chemiker. Ich verneinte.

‚Sonderbar', murmelte er. ‚Im Fieber haben Sie immer so sonderbare Formeln geschrien c3, c4. Wir haben uns alle nicht ausgekannt.'

Ich erkundigte mich, was mit mir vorgegangen sei. Er lächelte merkwürdig.

‚Nichts Ernstliches. Eine akute Irritation[1] der Nerven', und fügte, nachdem er sich zuvor vorsichtig umgeblickt hatte, leise bei: ‚Schließlich eine recht verständliche. Seit dem 13. März, nicht wahr?'

Ich nickte.

‚Kein Wunder bei dieser Methode', murmelte er.

‚Sie sind nicht der Erste. Aber sorgen Sie sich nicht.'

---

1 akut (hier): (im Gegensatz zu „chronisch") unmittelbar auftretend, schnell verlaufend, vorübergehend; Irritation; (hier:) Reizung

An der Art, wie er mir dies beruhigend zuflüsterte, und dank seines begütigenden Blicks wusste ich, dass ich bei ihm gut geborgen war.

Zwei Tage später erklärte mir der gütige Doktor ziemlich freimütig, was vorgefallen war. Der Wärter hatte mich in meiner Zelle laut schreien gehört und zunächst geglaubt, dass jemand eingedrungen sei, mit dem ich streite. Kaum er sich aber an der Tür gezeigt, hätte ich mich auf ihn gestürzt und ihn mit wilden Ausrufen angeschrien, die ähnlich klangen wie: ‚Zieh schon einmal, du Schuft, du Feigling!', ihn bei der Gurgel zu fassen gesucht und schließlich so wild angefallen, dass er um Hilfe rufen musste. Als man mich in meinem tollwütigen Zustand dann zur ärztlichen Untersuchung schleppte, hätte ich mich plötzlich losgerissen, auf das Fenster im Gang gestürzt, die Scheibe eingeschlagen und mir dabei die Hand zerschnitten – Sie sehen noch die tiefe Narbe hier. Die ersten Nächte im Hospital hatte ich in einer Art Gehirnfieber verbracht, aber jetzt finde er mein Sensorium[1] völlig klar. ‚Freilich', fügte er leise bei, ‚werde ich das lieber nicht den Herrschaften melden, sonst holt man Sie am Ende noch einmal dorthin zurück. Verlassen Sie sich auf mich, ich werde mein Bestes tun.'

Was dieser hilfreiche Arzt meinen Peinigern über mich berichtet hat, entzieht sich meiner Kenntnis. Jedenfalls erreichte er, was er erreichen wollte: meine Entlassung. Mag sein, dass er mich als unzurechnungsfähig erklärt hat, oder vielleicht war ich inzwischen schon der Gestapo unwichtig geworden, denn Hitler hatte seitdem Böhmen besetzt,[2] und damit war der Fall Österreich für ihn erledigt. So brauchte ich nur die Verpflichtung zu unterzeichnen, unsere Heimat innerhalb von vierzehn Tagen zu verlassen, und diese vierzehn Tage waren dermaßen erfüllt mit all den tausend Formalitäten, die heutzutage der einstmalige Weltbürger zu einer Ausreise benötigt – Militärpapiere, Polizei, Steuer, Pass, Visum, Gesundheitszeugnis –, dass ich keine Zeit hatte, über das

---

1 Bewusstsein

2 Nach dem Einmarsch deutscher Truppen in Tschechien am 16. März 1939 wurde die „Rest-Tschechei" (bereits 1938 waren die sudetendeutschen Gebiete an das Deutsche Reich abgetreten worden) in das Protektorat Böhmen und Mähren umgewandelt.

Vergangene viel nachzusinnen. Anscheinend wirken in unserem Gehirn geheimnisvoll regulierende Kräfte, die, was der Seele lästig und gefährlich werden kann, selbsttätig ausschalten, denn immer, wenn ich zurückdenken wollte an meine Zellenzeit, erlosch gewissermaßen in meinem Gehirn das Licht; erst nach Wochen und Wochen, eigentlich erst hier auf dem Schiff, fand ich wieder den Mut, mich zu besinnen, was mir geschehen war.

Und nun werden Sie begreifen, warum ich mich so ungehörig und wahrscheinlich unverständlich Ihren Freunden gegenüber benommen. Ich schlenderte doch nur ganz zufällig durch den Rauchsalon, als ich Ihre Freunde vor dem Schachbrett sitzen sah; unwillkürlich fühlte ich den Fuß angewurzelt vor Staunen und Schrecken. Denn ich hatte total vergessen, dass man Schach spielen kann an einem wirklichen Schachbrett und mit wirklichen Figuren, vergessen, dass bei diesem Spiel zwei völlig verschiedene Menschen einander leibhaftig gegenübersitzen. Ich brauchte wahrhaftig ein paar Minuten, um mich zu erinnern, dass, was diese Spieler dort taten, im Grunde dasselbe Spiel war, das ich in meiner Hilflosigkeit monatelang gegen mich selbst versucht. Die Chiffren[1], mit denen ich mich beholfen während meiner grimmigen Exerzitien, waren doch nur Ersatz gewesen und Symbol für diese beinernen[2] Figuren; meine Überraschung, dass dieses Figurenrücken auf dem Brett dasselbe sei wie mein imaginäres Fantasieren im Denkraum, mochte vielleicht der eines Astronomen ähnlich sein, der sich mit den kompliziertesten Methoden auf dem Papier einen neuen Planeten errechnet hat und ihn dann wirklich am Himmel erblickt als einen weißen, klaren, substanziellen[3] Stern. Wie magnetisch festgehalten starrte ich auf das Brett und sah dort meine Schemata, Pferd, Turm, König, Königin und Bauern als reale Figuren, aus Holz geschnitzt; um die Stellung der Partie zu überblicken, musste ich sie unwillkürlich erst zurückmutieren[4] aus meiner abstrakten Ziffernwelt in die der be-

---

1 Chiffre (hier): Geheimzeichen
2 beinern: aus Elfenbein oder Knochen gefertigt
3 substanziell (hier): materiell, gegenständlich
4 mutieren (hier): verwandeln; eigentl.: das Erbgut verändern

wegten Steine. Allmählich überkam mich die Neugier, ein solches reales Spiel zwischen zwei Partnern zu beobachten. Und da passierte das Peinliche, dass ich, alle Höflichkeit vergessend, mich einmengte in Ihre Partie. Aber dieser falsche Zug Ihres Freundes traf mich wie ein Stich ins Herz. Es war eine reine Instinkthandlung, dass ich ihn zurückhielt, ein impulsiver Zugriff, wie man, ohne zu überlegen, ein Kind fasst, das sich über ein Geländer beugt. Erst später wurde mir die grobe Ungehörigkeit klar, deren ich mich durch meine Vordringlichkeit schuldig gemacht."

Ich beeilte mich, Dr. B. zu versichern, wie sehr wir alle uns freuten, diesem Zufall seine Bekanntschaft zu verdanken, und dass es für mich nach all dem, was er mir anvertraut, nun doppelt interessant sein werde, ihm morgen bei dem improvisierten Turnier zusehen zu dürfen. Dr. B. machte eine unruhige Bewegung.

„Nein, erwarten Sie wirklich nicht zu viel. Es soll nichts als eine Probe für mich sein ... eine Probe, ob ich ... ob ich überhaupt fähig bin, eine normale Schachpartie zu spielen, eine Partie auf einem wirklichen Schachbrett mit faktischen Figuren und einem lebendigen Partner ... denn ich zweifle jetzt immer mehr daran, ob jene Hunderte und vielleicht Tausende Partien, die ich gespielt habe, tatsächlich regelrechte Schachpartien waren und nicht bloß eine Art Traumschach, ein Fieberschach, ein Fieberspiel, in dem wie immer im Traum Zwischenstufen übersprungen wurden. Sie werden mir doch hoffentlich nicht im Ernst zumuten, dass ich mir anmaße, einem Schachmeister, und gar dem ersten der Welt, Paroli bieten zu können. Was mich interessiert und intrigiert[1], ist einzig die posthume[2] Neugier, festzustellen, ob das in der Zelle damals noch Schachspiel oder schon Wahnsinn gewesen, ob ich damals noch knapp vor oder schon jenseits der gefährlichen Klippe mich befand – nur dies, nur dies allein."

Vom Schiffsende tönte in diesem Augenblick der Gong, der zum Abendessen rief. Wir mussten – Dr. B. hatte mir alles viel ausführlicher berichtet, als ich es hier zusammenfasse – fast zwei Stun-

[1] intrigieren (hier): neugierig machen
[2] posthum (hier): nachträglich, rückblickend; eigentl.: nach jemandes Tod

den verplaudert haben. Ich dankte ihm herzlich und verabschiedete mich. Aber noch war ich nicht das Deck entlang, so kam er mir schon nach und fügte sichtlich nervös und sogar etwas stottrig bei:

„Noch eines! Wollen Sie den Herren gleich im Voraus ausrichten, damit ich nachträglich nicht unhöflich erscheine: ich spiele nur eine einzige Partie ... sie soll nichts als der Schlussstrich unter eine alte Rechnung sein – eine endgültige Erledigung und nicht ein neuer Anfang ... Ich möchte nicht ein zweites Mal in dieses leidenschaftliche Spielfieber geraten, an das ich nur mit Grauen zurückdenken kann ... und übrigens ... übrigens hat mich damals auch der Arzt gewarnt ... ausdrücklich gewarnt. Jeder, der einer Manie verfallen war, bleibt für immer gefährdet, und mit einer – wenn auch ausgeheilten – Schachvergiftung soll man besser keinem Schachbrett nahekommen ... Also Sie verstehen – nur diese eine Probepartie für mich selbst und nicht mehr."

Pünktlich um die vereinbarte Stunde, drei Uhr, waren wir am nächsten Tage im Rauchsalon versammelt. Unsere Runde hatte sich noch um zwei Liebhaber der königlichen Kunst vermehrt, zwei Schiffsoffiziere, die sich eigens Urlaub vom Borddienst erbeten, um dem Turnier zusehen zu können. Auch Czentovic ließ nicht wie am vorhergehenden Tage auf sich warten, und nach der obligaten[1] Wahl der Farben begann die denkwürdige Partie dieses Homo obscurissimus[2] gegen den berühmten Weltmeister. Es tut mir leid, dass sie nur für uns durchaus unkompetente Zuschauer gespielt war und ihr Ablauf für die Annalen[3] der Schachkunde ebenso verloren ist wie Beethovens Klavierimprovisationen für die Musik. Zwar haben wir an den nächsten Nachmittagen versucht, die Partie gemeinsam aus dem Gedächtnis zu rekonstruieren, aber vergeblich; wahrscheinlich hatten wir alle während des Spiels zu passioniert[4] auf die beiden Spieler statt auf den Gang des Spiels geachtet. Denn der geistige Gegensatz im Habitus[5] der

---

[1] obligat: erforderlich, üblich, unvermeidlich
[2] äußerst zwielichtiger, merkwürdiger Mensch
[3] chronologisch geordnete Geschichtsbücher
[4] leidenschaftlich, begeistert
[5] (hier:) (sittliche) Haltung, Auftreten

beiden Partner wurde im Verlauf der Partie immer mehr körperlich plastisch. Czentovic, der Routinier, blieb während der ganzen Zeit unbeweglich wie ein Block, die Augen streng und starr auf das Schachbrett gesenkt; Nachdenken schien bei ihm eine geradezu physische Anstrengung, die alle seine Organe zu äußerster Konzentration nötigte. Dr. B. dagegen bewegte sich vollkommen locker und unbefangen. Als der rechte Dilettant im schönsten Sinne des Wortes[1], dem im Spiel nur das Spiel, das ‚diletto' Freude macht, ließ er seinen Körper völlig entspannt, plauderte während der ersten Pausen erklärend mit uns, zündete sich mit leichter Hand eine Zigarette an und blickte immer nur gerade, wenn an ihn die Reihe kam, eine Minute auf das Brett. Jedesmal hatte es den Anschein, als hätte er den Zug des Gegners schon im Voraus erwartet.

Die Eröffnungszüge ergaben sich ziemlich rasch. Erst beim siebenten oder achten schien sich etwas wie ein bestimmter Plan zu entwickeln. Czentovic verlängerte seine Überlegungspausen; daran spürten wir, dass der eigentliche Kampf um die Vorhand[2] einzusetzen begann. Aber um der Wahrheit die Ehre zu geben, bedeutete die allmähliche Entwicklung der Situation wie jede richtige Turnierpartie für uns Laien eine ziemliche Enttäuschung. Denn je mehr sich die Figuren zu einem sonderbaren Ornament ineinander verflochten, umso undurchdringlicher wurde für uns der eigentliche Stand. Wir konnten weder wahrnehmen, was der eine Gegner noch was der andere beabsichtigte, und wer von den beiden sich eigentlich im Vorteil befand. Wir merkten bloß, dass sich einzelne Figuren wie Hebel vorschoben, um die feindliche Front aufzusprengen, aber wir vermochten nicht – da bei diesen überlegenen Spielern jede Bewegung immer auf mehrere Züge vorauskombiniert war –, die strategische Absicht in diesem Hin und Wider zu erfassen. Dazu gesellte sich allmählich eine lähmende Ermüdung, die hauptsächlich durch

---

1 Der Begriff „Dilettant" (ital.: „dilettante") ist abgeleitet von (ital.) „dilettare" (sich erfreuen) und „diletto" (Freude); „Dilettant" bezeichnete ursprünglich einen Kunstliebhaber, später einen ungeschulten Laien

2 (hier:) Dominanz, Oberhand; „Vorhand" bezeichnet bei Brettspielen den aktiven Part, bei dem die Initiative liegt.

die endlosen Überlegungspausen Czentovics verschuldet war, die auch unseren Freund sichtlich zu irritieren begannen. Ich beobachtete beunruhigt, wie er, je länger die Partie sich hinzog, immer unruhiger auf seinem Sessel herumzurücken begann, bald aus Nervosität eine Zigarette nach der anderen anzündend, bald nach dem Bleistift greifend, um etwas zu notieren. Dann wieder bestellte er ein Mineralwasser, das er Glas um Glas hastig hinabstürzte; es war offenbar, dass er hundertmal schneller kombinierte als Czentovic. Jedesmal, wenn dieser nach endlosem Überlegen sich entschloss, mit seiner schweren Hand eine Figur vorwärtszurücken, lächelte unser Freund nur wie jemand, der etwas lang Erwartetes eintreffen sieht, und ripostierte bereits. Er musste mit seinem rapid arbeitenden Verstand im Kopf alle Möglichkeiten des Gegners vorausberechnet haben; je länger darum Czentovics Entschließung sich verzögerte, umso mehr wuchs seine Ungeduld, und um seine Lippen presste sich während des Wartens ein ärgerlicher und fast feindseliger Zug. Aber Czentovic ließ sich keineswegs drängen. Er überlegte stur und stumm und pausierte immer länger, je mehr sich das Feld von Figuren entblößte. Beim zweiundvierzigsten Zuge, nach geschlagenen zweidreiviertel Stunden, saßen wir schon alle ermüdet und beinahe teilnahmslos um den Turniertisch. Einer der Schiffsoffiziere hatte sich bereits entfernt, ein anderer ein Buch zur Lektüre genommen und blickte nur bei jeder Veränderung für einen Augenblick auf. Aber da geschah plötzlich bei einem Zuge Czentovics das Unerwartete. Sobald Dr. B. merkte, dass Czentovic den Springer fasste, um ihn vorzuziehen, duckte er sich zusammen wie eine Katze vor dem Ansprung. Sein ganzer Körper begann zu zittern, und kaum hatte Czentovic den Springerzug getan, schob er scharf die Dame vor, sagte laut triumphierend: „So! Erledigt!“, lehnte sich zurück, kreuzte die Arme über der Brust und sah mit herausforderndem Blick auf Czentovic. Ein heißes Licht glomm plötzlich in seiner Pupille.

Unwillkürlich beugten wir uns über das Brett, um den so triumphierend angekündigten Zug zu verstehen. Auf den ersten Blick war keine direkte Bedrohung sichtbar. Die Äußerung unseres Freundes musste sich also auf eine Entwicklung beziehen, die wir kurzdenkenden Dilettanten noch nicht errechnen konnten. Czentovic war der Einzige unter uns, der sich bei jener herausfordernden Ankündigung nicht gerührt hatte; er saß so unerschütterlich, als ob er das beleidigende ‚Erledigt!' völlig überhört hätte. Nichts geschah. Man hörte, da wir alle unwillkürlich den Atem anhielten, mit einem Mal das Ticken der Uhr, die man zur Feststellung der Zugzeit auf den Tisch gelegt hatte. Es wurden drei Minuten, sieben Minuten, acht Minuten – Czentovic rührte sich nicht, aber mir war, als ob sich von einer inneren Anstrengung seine dicken Nüstern noch breiter dehnten. Unserem Freunde schien dieses stumme Warten ebenso unerträglich wie uns selbst. Mit einem Ruck stand er plötzlich auf und begann im Rauchzimmer auf und ab zu gehen, erst langsam, dann schneller und immer schneller. Alle blickten wir ihm etwas verwundert zu, aber keiner beunruhigter als ich, denn mir fiel auf, dass seine Schritte trotz aller Heftigkeit dieses Auf und Ab immer nur die gleiche Spanne Raum ausmaßen; es war, als ob er jedesmal mitten im leeren Zimmer an eine unsichtbare Schranke stieße, die ihn nötigte umzukehren. Und schaudernd erkannte ich, es reproduzierte unbewusst dieses Auf und Ab das Ausmaß seiner einstmaligen Zelle; genau so musste er in den Monaten des Eingesperrtseins auf und ab gerannt sein wie ein eingesperrtes Tier im Käfig, genau so die Hände verkrampft und die Schultern eingeduckt; so und nur so musste er dort tausendmal auf und nieder gelaufen sein, die roten Lichter des Wahnsinns im starren und doch fiebernden Blick. Aber noch schien sein Denkvermögen völlig intakt, denn von Zeit zu Zeit wandte er sich ungeduldig dem Tisch zu, ob Czentovic sich inzwischen schon entschieden hätte. Aber es wurden neun, es wurden zehn Minuten. Dann endlich geschah, was niemand von uns erwartet hatte. Czentovic hob langsam seine schwere Hand, die bisher unbeweglich auf dem Tisch gelegen. Gespannt blickten wir alle auf seine Entscheidung. Aber Czentovic tat keinen Zug, sondern sein gewendeter Handrücken schob mit einem entschiedenen Ruck alle Figuren langsam vom Brett. Erst im nächsten Augenblick verstanden wir: Czentovic hatte die Partie aufgegeben. Er hatte kapituliert, um nicht vor uns sichtbar mattgesetzt zu werden. Das Unwahrscheinliche hatte sich ereignet, der Weltmeister, der Champion zahlloser Turniere hatte die Fahne gestrichen[1] vor einem Unbekannten, einem Manne, der zwanzig oder fünfundzwanzig Jahre kein Schachbrett angerührt. Unser Freund, der Anonymus[2], der Ignotus[3], hatte den stärksten Schachspieler der Erde in offenem Kampfe besiegt!

Ohne es zu merken, waren wir in unserer Erregung einer nach dem anderen aufgestanden. Jeder von uns hatte das Gefühl, er müsste etwas sagen oder tun, um unserem freudigen Schrecken Luft zu machen. Der Einzige, der unbeweglich in seiner Ruhe verharrte, war Czentovic. Erst nach einer gemessenen Pause hob er den Kopf und blickte unseren Freund mit steinernem Blick an. „Noch eine Partie?", fragte er.

„Selbstverständlich", antwortete Dr. B. mit einer mir unangenehmen Begeisterung und setzte sich, noch ehe ich ihn an seinen Vorsatz mahnen konnte, es bei einer Partie bewenden zu lassen, sofort nieder und begann mit fiebriger Hast die Figuren neu aufzustellen. Er nickte sie mit solcher Hitzigkeit zusammen, dass zweimal ein Bauer durch die zitternden Finger zu Boden glitt; mein schon früher peinliches[4] Unbehagen angesichts seiner unnatürlichen Erregtheit wuchs zu einer Art Angst. Denn eine sichtbare Exaltiertheit[5] war über den vorher so stillen und ruhigen Menschen gekommen; das Zucken fuhr immer öfter um seinen Mund, und sein Körper zitterte wie von einem jähen Fieber geschüttelt.

„Nicht!", flüsterte ich ihm leise zu. „Nicht jetzt! Lassen Sie's für heute genug sein! Es ist für Sie zu anstrengend."

„Anstrengend! Ha!", lachte er laut und boshaft. „Siebzehn Partien hätte ich unterdessen spielen können statt dieser Bummelei! Anstrengend ist für mich einzig, bei diesem Tempo nicht einzuschlafen! – Nun! Fangen Sie doch schon einmal an!"

---

1 die Fahne/Flagge streichen: (in der Seemannssprache) das Einholen der (National-)Flagge auf Schiffen, um die Kapitulation anzuzeigen
2 Namenloser
3 Unbekannter
4 (hier:) starkes, drängendes
5 exaltiert: aufgeregt, überspannt

Diese letzten Worte hatte er in heftigem, beinahe grobem Ton zu Czentovic gesagt. Dieser blickte ihn ruhig und gemessen an, aber sein steinern starrer Blick hatte etwas von einer geballten Faust. Mit einem Mal stand etwas Neues zwischen den beiden Spielern; eine gefährliche Spannung, ein leidenschaftlicher Hass. Es waren nicht zwei Partner mehr, die ihr Können spielhaft aneinander proben wollten, es waren zwei Feinde, die sich gegenseitig zu vernichten geschworen. Czentovic zögerte lange, ehe er den ersten Zug tat, und mich überkam das deutliche Gefühl, er zögerte mit Absicht so lange. Offenbar hatte der geschulte Taktiker schon herausgefunden, dass er gerade durch seine Langsamkeit den Gegner ermüdete und irritierte. So setzte er nicht weniger als vier Minuten aus, ehe er die normalste, die simpelste aller Eröffnungen machte, indem er den Königsbauern die üblichen zwei Felder vorschob. Sofort fuhr unser Freund mit seinem Königsbauern ihm entgegen, aber wieder machte Czentovic eine endlose, kaum zu ertragende Pause; es war, wie wenn ein starker Blitz niederfährt und man pochenden Herzens auf den Donner wartet, und der Donner kommt und kommt nicht. Czentovic rührte sich nicht. Er überlegte still, langsam und, wie ich immer gewisser fühlte, boshaft langsam; damit aber gab er mir reichlich Zeit, Dr. B. zu beobachten. Er hatte eben das dritte Glas Wasser hinabgestürzt; unwillkürlich erinnerte ich mich, dass er mir von seinem fiebrigen Durst in der Zelle erzählte. Alle Symptome einer anomalen Erregung zeichneten sich deutlich ab; ich sah seine Stirne feucht werden und die Narbe auf seiner Hand röter und schärfer als zuvor. Aber noch beherrschte er sich. Erst als beim vierten Zug Czentovic wieder endlos überlegte, verließ ihn die Haltung, und er fauchte ihn plötzlich an:

„So spielen Sie doch schon endlich einmal!“

Czentovic blickte kühl auf. „Wir haben meines Wissens zehn Minuten Zugzeit vereinbart. Ich spiele prinzipiell nicht mit kürzerer Zeit.“

Dr. B. biss sich die Lippe; ich merkte, wie unter dem Tisch seine Sohle unruhig und immer unruhiger gegen den Boden wippte, und wurde selbst unaufhaltsam nervöser durch das drückende Vorgefühl, dass sich irgendetwas Unsinniges in ihm vorbereitete.

In der Tat ereignete sich bei dem achten Zug ein zweiter Zwischenfall. Dr. B., der immer unbeherrschter gewartet hatte, konnte seine Spannung nicht mehr verhalten; er rückte hin und her und begann unbewusst mit den Fingern auf dem Tisch zu trommeln. Abermals hob Czentovic seinen schweren bäurischen Kopf. „Darf ich Sie bitten, nicht zu trommeln? Es stört mich. Ich kann so nicht spielen."

„Ha!", lachte Dr. B. kurz. „Das sieht man."

Czentovics Stirn wurde rot. „Was wollen Sie damit sahen?", fragte er scharf und böse.

Dr. B. lachte abermals knapp und boshaft. „Nichts. Nur dass Sie offenbar sehr nervös sind."

Czentovic schwieg und beugte seinen Kopf nieder. Erst nach sieben Minuten tat er den nächsten Zug, und in diesem tödlichen Tempo schleppte sich die Partie fort. Czentovic versteinte gleichsam immer mehr; schließlich schaltete er immer das Maximum der vereinbarten Überlegungspause ein, ehe er sich zu einem Zug entschloss, und von einem Intervall zum andern wurde das Benehmen unseres Freundes sonderbarer. Es hatte den Anschein, als ob er an der Partie gar keinen Anteil mehr nehme, sondern mit etwas ganz anderem beschäftigt sei. Er ließ sein hitziges Aufundniederlaufen und blieb an seinem Platz regungslos sitzen. Mit einem stieren und fast irren Blick ins Leere vor sich starrend, murmelte er ununterbrochen unverständliche Worte vor sich hin; entweder verlor er sich in endlosen Kombinationen, oder er arbeitete – dies war mein innerster Verdacht – sich ganz andere Partien aus, denn jedes Mal, wenn Czentovic endlich gezogen hatte, musste man ihn aus seiner Geistesabwesenheit zurückmahnen. Dann brauchte er immer einige Minuten, um sich in der Situation wieder zurechtzufinden; immer mehr beschlich mich der Verdacht, er habe eigentlich Czentovic und uns alle längst vergessen in dieser kalten Form des Wahnsinns, der sich plötzlich in irgendeiner Heftigkeit entladen konnte. Und tatsächlich, bei dem neunzehnten Zug brach die Krise aus. Kaum dass Czentovic seine Figur bewegte, stieß Dr. B. plötzlich, ohne recht auf das Brett zu blicken, seinen Läufer drei Felder vor und schrie derart laut, dass wir alle zusammenfuhren:

„Schach! Schach dem König!“

Wir blickten in der Erwartung eines besonderen Zuges sofort auf das Brett. Aber nach einer Minute geschah, was keiner von uns erwartet. Czentovic hob ganz, ganz langsam den Kopf und blickte – was er bisher nie getan – in unserem Kreise von einem zum andern. Er schien irgendetwas unermesslich zu genießen, denn allmählich begann auf seinen Lippen ein zufriedenes und deutlich höhnisches Lächeln. Erst nachdem er diesen seinen uns noch unverständlichen Triumph bis zur Neige genossen, wandte er sich mit falscher Höflichkeit unserer Runde zu.

„Bedaure – aber ich sehe kein Schach. Sieht vielleicht einer von den Herren ein Schach gegen meinen König?“

Wir blickten auf das Brett und dann beunruhigt zu Dr. B. hinüber. Czentovics Königsfeld war tatsächlich – ein Kind konnte das erkennen – durch einen Bauern gegen den Läufer völlig gedeckt, also kein Schach dem König möglich. Wir wurden unruhig. Sollte unser Freund in seiner Hitzigkeit eine Figur danebengestoßen haben, ein Feld zu weit oder zu nah? Durch unser Schweigen aufmerksam gemacht, starrte jetzt auch Dr. B. auf das Brett und begann heftig zu stammeln:

„Aber der König gehört doch auf f7 ... er steht falsch, ganz falsch. Sie haben falsch gezogen! Alles steht ganz falsch auf diesem Brett ... der Bauer gehört doch auf g5 und nicht auf g4 ... das ist ja eine ganz andere Partie ... Das ist ... Er stockte plötzlich. Ich hatte ihn heftig am Arm gepackt oder vielmehr ihn so hart in den Arm gekniffen, dass er selbst in seiner fiebrigen Verwirrtheit meinen Griff spüren musste. Er wandte sich um und starrte mich wie ein Traumwandler an.

„Was ... was wollen Sie?“

Ich sagte nichts als „Remember!“[1] und fuhr ihm gleichzeitig mit dem Finger über die Narbe seiner Hand. Er folgte unwillkürlich meiner Bewegung, sein Auge starrte glasig auf den blutroten Strich. Dann begann er plötzlich zu zittern, und ein Schauer lief über seinen ganzen Körper.

---

1 (engl.:) Erinnern Sie sich!

„Um Gottes willen“, flüsterte er mit blassen Lippen. „Habe ich etwas Unsinniges gesagt oder getan ... bin ich am Ende wieder ...?“ „Nein“, flüsterte ich leise. „Aber Sie müssen sofort die Partie abbrechen, es ist höchste Zeit. Erinnern Sie sich, was der Arzt Ihnen gesagt hat!“

Dr. B. stand mit einem Ruck auf. „Ich bitte um Entschuldigung für meinen dummen Irrtum“, sagte er mit seiner alten höflichen Stimme und verbeugte sich vor Czentovic. „Es ist natürlich purer Unsinn, was ich gesagt habe. Selbstverständlich bleibt es Ihre Partie.“ Dann wandte er sich zu uns. „Auch die Herren muss ich um Entschuldigung bitten. Aber ich hatte Sie gleich im Voraus gewarnt, Sie sollten von mir nicht zu viel erwarten. Verzeihen Sie die Blamage – es war das letzte Mal, dass ich mich im Schach versucht habe.“

Er verbeugte sich und ging, in der gleichen bescheidenen und geheimnisvollen Weise, mit der er zuerst erschienen. Nur ich wusste, warum dieser Mann nie mehr ein Schachbrett berühren würde, indes die andern ein wenig verwirrt zurückblieben mit dem ungewissen Gefühl, mit knapper Not etwas Unbehaglichem und Gefährlichem entgangen zu sein. „Damned fool[1]!“, knurrte McConnor in seiner Enttäuschung. Als Letzter erhob sich Czentovic von seinem Sessel und warf noch einen Blick auf die halbbeendete Partie.

„Schade“, sagte er großmütig. „Der Angriff war gar nicht so übel disponiert[2]. Für einen Dilettanten ist dieser Herr eigentlich ungewöhnlich begabt.“

---

1 (engl.:) verdammter Narr, verfluchter Idiot
2 (hier:) angelegt, geplant

Anhang

1. Zur Biografie des Autors

Anhand einer knappen Zeittafel sowie eines ausführlicheren Lexikoneintrages können Sie sich in diesem Kapitel einen Überblick über das Leben und Wirken Stefan Zweigs verschaffen. Es folgt ein Auszug aus Oliver Matuscheks Zweig-Biografie „Drei Leben", in dem dargelegt wird, dass Stefan Zweig sein eigenes Leben rückblickend als „dreigeteilt" empfand. Anschließend kommt der Autor in drei Auszügen aus seinem 1942 erschienenen autobiografischen Werk „Die Welt von Gestern" selbst zu Wort. Der erste Auszug, „Erinnerungen eines Europäers", ist dem Vorwort des Buches entnommen. Zweig ordnet darin seine persönliche Biografie in den Rahmen des historischen Weltgeschehens ein. Im zweiten Auszug, „Die Schule im vorigen Jahrhundert", beschreibt er seine Schulzeit im 19. Jahrhundert als eine von Angst und Einschüchterung geprägte Zeit. „Incipit Hitler", der dritte Auszug, wirft ein Schlaglicht darauf, wie sich die Machtergreifung Hitlers in Deutschland bereits 1933 auf das Leben des jüdischen Schriftstellers im benachbarten Salzburg auswirkte. Im Anschluss an diese Auszüge aus „Die Welt von Gestern" folgen ein Brief an Joseph Roth, in dem Zweig die Hausdurchsuchung in Salzburg schildert, die ihn schließlich zur Emigration veranlasste, sowie der Abschiedsbrief, den Stefan Zweig am 22. Februar 1942 verfasste, ehe er und seine Frau Lotte sich in der Nacht zum 23. Februar mit einer Überdosis Schlafmittel das Leben nahmen.
Zuletzt soll auch ein kontroverser Aspekt in der Aufarbeitung von Zweigs Biografie nicht unerwähnt bleiben. Der österreichische Journalist und Literaturwissenschaftler Ulrich Weinzierl versucht, in seinem 2015 veröffentlichten Buch „Stefan Zweigs brennendes Geheimnis" anhand einer u. a. aus Tagebucheinträgen Zweigs sowie Äußerungen Dritter bestehenden Indizienkette nachzuweisen, dass Zweig ein Exhibitionist war. Eindeutig beweisen lässt sich das jedoch nicht. Am Ende dieses Kapitels finden Sie einen Auszug aus Weinzierls Buch.
Ebenfalls mit Stefan Zweigs Biografie und insbesondere seinem Leben im Exil befasst sich Maria Schraders Spielfilm „Vor der Morgenröte"

(Deutschland, Frankreich, Österreich 2016) mit Josef Hader in der Rolle Stefan Zweigs.

Stefan Zweig – Zeittafel

Stefan Zweig 1931 vor seinem Salzburger Domizil am Kapuzinerberg

- 28.11.1881 als Sohn reicher, großbürgerlich-jüdischer Eltern in Wien geboren
- 1901 Erste Buchveröffentlichung (Gedichtband „Silberne Saiten")
- 1904 Abschluss des Studiums der Philosophie und Literaturgeschichte
- 1914 Freiwilliger Eintritt in den Militärdienst, Arbeit im Kriegsarchiv, Mitarbeit an patriotischen Propagandaschriften

- 1917 Das pazifistische Drama „Jeremias“ erscheint; Aufenthalt in der Schweiz
- 1919 Rückkehr nach Österreich
- 1920 Heirat mit Friderike Maria von Winternitz
- 1933 Bücherverbrennungen in Deutschland; NS-Verbot jüdischer Literatur
- 1934 Ein sozialdemokratischer Aufstand gegen das austrofaschistische Dollfuß-Regime[1] wird blutig niedergeschlagen; die Polizei (genauer: Heimwehr[2]) durchsucht daraufhin Zweigs Salzburger Haus nach Waffen; Zweig übersiedelt nach London
- 1935 Uraufführung der Richard Strauß Oper „Die schweigsame Frau“, zu der Zweig das Libretto, also den Text, verfasst hat; die Nazis setzen die Oper in Dresden nach wenigen Aufführungen ab
- 1938 Scheidung von Friderike
- 1939 Heirat mit seiner ehemaligen Sekretärin Lotte Altmann
- 1940 erhält Zweig die britische Staatsbürgerschaft; Reise nach New York, Schiffsreise nach Brasilien, Vortragsreise in Südamerika
- 1941 Lotte und Stefan Zweig übersiedeln nach Petropolis/Brasilien
- 1942 Abschluss der „Schachnovelle“, die noch im selben Jahr postum erscheint
- 23.02.1942 Freitod von Lotte und Stefan Zweig in Petropolis

Stefan Zweig – Leben und Werk

Der österreichische Schriftsteller, Erzähler, Lyriker und Essayist aus dem jüdischen Bildungsbürgertum schuf nach Anfängen in der Tradition der Wiener Moderne ein psychologisch differenziertes Werk, das ihn als einen der letzten bedeutenden Realisten der deutschsprachigen Literatur ausweist. Stefan Zweig wurde der meistübersetzte deutsche Autor seiner Zeit. Sein Wunsch war die

---

1 Engelbert Dollfuß (1892–1934): von 1932–34 österreichischer Bundeskanzler, schaltete 1933 das Parlament aus

2 bewaffnete, politisch rechts stehende „Schutzverbände“, die zwischen 1933 und 1938 teilweise polizeiliche Befugnisse erhielten

Schaffung eines humanistischen Grundverständnisses in Europa, welches durch die Gesellschaft bis in die Politik reichen sollte, um damit dem Terror durch den Gedanken des Nationalistischen ein Ende zu setzen ...

Stefan Zweig wurde am 28. November 1881 in Wien als Sohn des wohlhabenden jüdischen Textilunternehmers Moritz Zweig und dessen Gattin Ida Brettauer geboren.
Hier wuchs er im jüdischen Bildungsbürgertum auf, gemeinsam mit seinem Bruder Alfred. Die Familie Zweig war nicht religiös. Am Wiener Wasagymnasium legte er seine Matura[1] ab. Bereits hier schrieb Zweig erste Gedichte. Beeinflusst wurde er damals von Schriftstellern wie Hugo von Hofmannstahl oder Rainer Maria Rilke[2]. 1901 erschien Stefan Zweigs erster Gedichtband mit dem Titel „Silberne Saiten“. Er begann auch zu dieser Zeit mit der Übersetzung von Arbeiten französischer Schriftsteller. 1904 machte er den Promotionsabschluss der Germanistik und Romanistik.
Bis 1910 war er auf zahlreichen Reisen durch Europa. Im Vordergrund stand hier der Austausch mit anderen Literaten und Künstlern, zu denen er meist durch intensiven Briefkontakt die Freundschaft pflegte. Bis 1911 waren Werke wie „Tersites“, „Das Haus am Meer“ oder „Brennendes Geheimnis“ sowie seine erste Biografie „Émile Verhaeren“[3] entstanden. Mit seiner Schrift „Erstes Erlebnis. Vier Geschichten aus Kinderland“ näherte sich Zweig einem intuitiven psychologischen Stil. Zu Beginn des Ersten Weltkrieges meldete sich Stefan Zweig als Kriegsfreiwilliger. Hier wurde er bis 1917 im Kriegspressequartier eingesetzt.
Um gegen den Krieg in jeglicher Form zu demonstrieren, schrieb er das Drama „Jeremias“, welches 1918 in Zürich uraufgeführt wurde. Zweig arbeitete auch ab 1918 als Journalist und Korrespondent bei der schweizerischen Zeitung „Neue Freie Presse“. Dieses Medium nutze er auch, um seine parteilosen Anschauungen zu veröf-

1 österr.: Hochschulreife, Abitur
2 Hugo von Hofmannsthal: Wiener Schriftsteller (1874–1929); Rainer Maria Rilke: in Prag, damals Österreich-Ungarn, geborener deutschsprachiger Schriftsteller (1875–1926)
3 belgischer Dichter (1855–1916)

fentlichen. Nach Kriegsende ließ er sich in Salzburg nieder. Seine Idee war es, eine geistig-ganzheitlich-humanistisch motivierte Allianz in Europa zu gründen. So begann er, zunächst in zahlreichen Vorträgen und Aufsätzen, vor der Radikalisierung durch den Nationalismus zu warnen und zur Ruhe, Diplomatie und Geduld aufzurufen.

Im Jahr 1920 erschienen von Zweig die Schriften „Angst", „Der Zwang" sowie ab 1920 drei Essays über Baumeister der Welt: „Drei Meister", 1925 „Der Kampf mit dem Dämon" und 1928 „Drei Dichter ihres Lebens". Großen Bühnenerfolg feierte Zweig 1926 mit der Bearbeitung von Ben Jonsons „Volpone". Ebenso erfolgreich war die Veröffentlichung des Buches „Sternstunden der Menschheit" von 1927. 1928 bereiste er die Sowjetunion, wo seine Bücher auf Betreiben von Maxim Gorki[1], mit dem er im Briefwechsel stand, auch auf Russisch erschienen. Nach der Machtübernahme der NSDAP in Deutschland floh Stefan Zweig aus Angst vor Verfolgung nach London.

Hier entstand das Buch „Ungeduld des Herzens". Ab 1934 wurden seine Arbeiten in Deutschland nicht mehr verlegt und mit dem Anschluss Österreichs an das Dritte Reich 1938 stoppte auch die Produktion in seiner Heimat. Für Richard Strauss[2] verfasste Zweig 1935 das Libretto[3] zur Oper „Die schweigsame Frau". 1936 erfolgte durch die NSDAP das sofortige Verkaufsverbot aller seiner Werke. Seine erste Ehe wurde 1938 geschieden, seine zweite Ehe ging er 1939 mit Charlotte Altmann ein. 1940 erhielt er von Großbritannien die englische Staatsbürgerschaft. Dennoch verließ er Europa und reiste weiter nach New York.

Im Jahr 1942 erschienen seine „Schachnovelle" und die Monografie „Brasilien". Nach kurzem Aufenthalt besuchte er Argentinien und Paraguay. Darauf ließ er sich in Brasilien nieder. Hier verfiel Stefan Zweig in tiefe Trauer und Depression.

---

1 russischer Schriftsteller (1868–1936)
2 deutscher Komponist (1864–1949)
3 Operntext

Stefan Zweig nahm sich am 22. Februar 1942 in Petrópolis, nahe Rio de Janeiro, das Leben. 1944 erschien posthum seine Autobiografie unter dem Titel „Die Welt von Gestern“.

Eintrag im Online-Lexikon „Who's Who – The People Lexicon“; http://www.whoswho.de/bio/stefan-zweig.html#tab_1 (Abruf: 1.6.2016)

„Blick auf drei Leben“ – Auszug aus Oliver Matuscheks Biografie

Im Juli 1940 traf sich der Journalist H. O. Gerngroß in New York mit einem der seinerzeit bekanntesten Schriftsteller Europas, mit Stefan Zweig. Die beiden unterhielten sich über vergangene Zeiten und Zukunftspläne, über glänzende Erfolge und düstere Vorahnungen. Zweigs Heimatland Österreich war mit dem „Anschluss“ im Jahr 1938 ein Teil des Deutschen Reiches geworden, seine Bücher waren da wie dort verboten, und an eine Rückkehr war für ihn als Juden keinesfalls mehr zu denken. Als das Interview entstand, tobte der Zweite Weltkrieg schon fast ein Jahr, die Niederlande, Belgien und Nordfrankreich waren kurz zuvor von der deutschen Wehrmacht besetzt worden.

Trotz aller Rückschläge und Niederlagen wollte Zweig sich weiterhin mit ganzer Kraft der Schriftstellerei widmen und neue Bücher für sein Lesepublikum verfassen, auch wenn dies durch die Verbote in Deutschland erheblich kleiner geworden war. […] Nun bereitete er ein besonderes Werk vor. Dazu weiß Gerngroß zu berichten: „Stefan Zweig hat die Arbeit an belletristischen[1] Werken unterbrochen. Eine Balzac[2]-Biographie, seit Jahrzehnten geplant, bleibt unvollendet, nicht zuletzt, weil dem Autor der Zugang zu den Archiven in Paris versperrt ist. Die Novelle (Zweig ist ihr Meister) erscheint ihm, ihrer individualistischen Problemstellung wegen, heute nicht als die richtige Ausdrucksform. Und doch schreibt er gegenwärtig das persönlichste Buch seiner Produktion: den Roman seines Lebens. Er weiß auch schon den Titel für diese Autobiographie: ‚My Three Lives‘.“

---

1 Belletristik: unterhaltende, schöngeistige Literatur; fiktionale Literatur im Gegensatz zu z. B. Sachbüchern oder Biografien

2 Honoré de Balzac (1799–1850): französischer Schriftsteller

Unter der Überschrift „Drei Leben“ wurde schließlich auch Gern-groß’ Artikel in der Emigrantenzeitung „Aufbau“[1] gedruckt. Dreigeteilt sah Stefan Zweig seine Biografie im Rückblick: Das erste Leben, das 1881 mit seiner Geburt als Sohn eines Webereibesitzers in Wien begonnen hatte und mit dem Ersten Weltkrieg sein Ende fand, hatte er in der scheinbar sicheren Welt des Bürgertums verbracht. Das zweite Leben hatte mit zahlreichen Hoffnungen in seiner neuen Wahlheimat Salzburg angefangen und ihm einen beispiellos zu nennenden Aufstieg zu einem der meistgelesenen und -übersetzten Autoren Europas beschert, ehe es mit seinem Weggang aus Österreich endete. Das dritte Leben, das er im Exil verbrachte, war zum Zeitpunkt des Interviews noch nicht lange angebrochen – es sollte das kürzeste werden.

Aus: Oliver Matuschek: Stefan Zweig – Drei Leben. Eine Biographie. Frankfurt/M.: S. Fischer Verlag, 2014, S. 9f.

„Erinnerungen eines Europäers“ – Auszug aus Stefan Zweig, „Die Welt von Gestern“

Ich habe meiner Person niemals so viel Wichtigkeit beigemessen, dass es mich verlockt hätte, anderen die Geschichte meines Lebens zu erzählen. Viel musste sich ereignen, unendlich viel mehr, als sonst einer einzelnen Generation an Geschehnissen, Katastrophen und Prüfungen zugeteilt ist, ehe ich den Mut fand, ein Buch zu beginnen, das mein Ich zur Hauptperson hat oder – besser gesagt – zum Mittelpunkt. Nichts liegt mir ferner, als mich damit voranzustellen, es sei denn im Sinne des Erklärers bei einem Lichtbildervortrag; die Zeit gibt die Bilder, ich spreche nur die Worte dazu, und es wird eigentlich nicht so sehr *mein* Schicksal sein, das ich erzähle, sondern das einer ganzen Generation – unserer einmaligen Generation, die wie kaum eine im Laufe der Geschichte mit Schicksal beladen war. Jeder von uns, auch der Kleinste und Geringste, ist in seiner innersten Existenz aufgewühlt worden von den fast pausenlosen vulkanischen Erschütterungen unserer europäischen Erde; und ich weiß mir inmitten der Unzähligen keinen

---

[1] 1934 gegründete deutsch-jüdische Zeitung, bis 2004 mit Sitz in New York, seit 2005 in Zürich

anderen Vorrang zuzusprechen als den einen: als Österreicher, als Jude, als Schriftsteller, als Humanist[1] und Pazifist jeweils just dort gestanden zu sein, wo diese Erdstöße am heftigsten sich auswirkten. Sie haben mir dreimal Haus und Existenz umgeworfen[2], mich von jedem Einstigen und Vergangenen gelöst und mit ihrer dramatischen Vehemenz ins Leere geschleudert, in das mir schon wohlbekannte „Ich weiß nicht wohin". Aber ich beklage das nicht; gerade der Heimatlose wird in einem neuen Sinne frei, und nur der mit nichts mehr Verbundene braucht auf nichts mehr Rücksicht zu nehmen. [...]

Ich bin 1881 in einem großen und mächtigen Kaiserreiche[3] geboren, in der Monarchie der Habsburger[4], aber man suche sie nicht auf der Karte: sie ist weggewaschen ohne Spur. Ich bin aufgewachsen in Wien, der zweitausendjährigen übernationalen Metropole, und habe sie wie ein Verbrecher verlassen müssen, ehe sie degradiert[5] wurde zu einer deutschen Provinzstadt. Mein literarisches Werk ist in der Sprache, in der ich es geschrieben, zu Asche gebrannt worden,[6] in eben demselben Lande, wo meine Bücher Millionen Leser sich zu Freunden gemacht. So gehöre ich nirgends mehr hin, überall Fremder und bestenfalls Gast; auch die eigentliche Heimat, die mein Herz sich erwählt, Europa, ist mir verloren, seit es sich zum zweiten Mal selbstmörderisch zerfleischt im Bruderkriege. Wider meinen Willen bin ich Zeuge geworden der furchtbarsten Niederlage der Vernunft

---

1 Verfechter eines humanistischen, an der Würde des Menschen orientierten Bildungsideals

2 Unter dem Eindruck des 1. Weltkrieges zog Zweig 1917, nachdem er aus dem Militärdienst beurlaubt worden war, in die neutrale Schweiz. 1934 emigrierte er unter dem Druck des Nationalsozialismus nach London. Nach Ausbruch des 2. Weltkrieges verließ er England und gelangte nach Zwischenaufenthalten u. a. in New York nach Brasilien.

3 Österreichisch-Ungarische Monarchie (1867–1918)

4 mächtiges Fürstengeschlecht, das ab dem 13. Jahrhundert die Herrscher von Österreich, Spanien und des Heiligen Römischen Reiches Deutscher Nationen stellte und über Jahrhunderte hinweg die Geschichte Mitteleuropas bestimmte; benannt nach der Stammburg Habsburg im heutigen Schweizer Kanton Aargau

5 degradieren: zurückstufen, herabwürdigen

6 Bei den Bücherverbrennungen in Deutschland am 10. Mai 1933 sowie in Salzburg am 30. April 1938 wurden auch Werke Stefan Zweigs verbrannt.

und des wildesten Triumphes der Brutalität innerhalb der Chronik der Zeiten; nie – ich verzeichne dies keineswegs mit Stolz, sondern mit Beschämung – hat eine Generation einen solchen moralischen Rückfall aus solcher geistigen Höhe erlitten wie die unsere. In dem einen kleinen Intervall, seit mir der Bart zu sprossen begann und seit er zu ergrauen beginnt, in diesem einen halben Jahrhundert hat sich mehr ereignet an radikalen Verwandlungen und Veränderungen als sonst in zehn Menschengeschlechtern, und jeder von uns fühlt: zu vieles fast! So verschieden ist mein Heute von jedem meiner Gestern, meine Aufstiege und meine Abstürze, dass mich manchmal dünkt, ich hätte nicht bloß eine, sondern mehrere, völlig voneinander verschiedene Existenzen gelebt. Denn es geschieht mir oft, dass wenn ich achtlos erwähne: „Mein Leben", ich mich unwillkürlich frage: „Welches Leben?" Das vor dem Weltkriege, das vor dem ersten oder das vor dem zweiten oder das Leben von heute? Dann wieder ertappe ich mich dabei, dass ich sage: „Mein Haus" und nicht gleich weiß, welches der einstigen ich meinte, ob das in Bath[1] oder in Salzburg oder das Elternhaus in Wien. Oder dass ich „bei uns" sage und erschrocken mich erinnern muss, dass ich für die Menschen meiner Heimat längst ebenso wenig dazugehöre wie für die Engländer oder für die Amerikaner, dort nicht mehr organisch verbunden und hier wiederum niemals ganz eingegliedert; die Welt, in der ich aufgewachsen bin, und die von heute und die zwischen beiden sondern sich immer mehr für mein Gefühl zu völlig verschiedenen Welten. [...] Ich selbst kann nicht umhin, mich zu verwundern über die Fülle, die Vielfalt, die wir in den knappen Raum einer einzigen – freilich höchst unbequemen und gefährdeten – Existenz gepresst haben, und schon gar, wenn ich sie mit der Lebensform meiner Vorfahren vergleiche. Mein Vater, mein Großvater, was haben sie gesehen? Sie lebten ihr Leben in der Einform. Ein einziges Leben vom Anfang bis zum Ende, ohne Aufstiege, ohne Stürze, ohne Erschütterung und Gefahr, ein Leben mit kleinen Spannungen, unmerklichen Übergängen; in gleichem Rhythmus, gemächlich und still, trug sie die Welle der Zeit von der Wiege bis zum Grabe. [...] Wir aber, die wir heute sechzig Jahre alt

[1] Stadt im Westen Englands; im Juli 1939 zogen Stefan Zweig und seine Frau Lotte von London nach Bath

sind und de jure[1] noch eigentlich ein Stück Zeit vor uns hätten, was haben wir *nicht* gesehen, *nicht* gelitten, *nicht* miterlebt? [...] Ich allein bin Zeitgenosse der beiden größten Kriege der Menschheit gewesen und habe sogar jeden erlebt auf einer anderen Front, den einen auf der deutschen, den andern auf der antideutschen. Ich habe im Vorkrieg die höchste Stufe und Form individueller Freiheit und nachdem ihren tiefsten Stand seit Hunderten Jahren gekannt, ich bin gefeiert gewesen und geächtet, frei und unfrei, reich und arm. Alle die fahlen Rosse der Apokalypse[2] sind durch mein Leben gestürmt, Revolution[3] und Hungersnot, Geldentwertung[4] und Terror, Epidemien und Emigration; ich habe die großen Massenideologien unter meinen Augen wachsen und sich ausbreiten sehen, den Faschismus in Italien,[5] den Nationalsozialismus in Deutschland, den Bolschewismus in Russ-

---

1 von Rechts wegen

2 Im letzten Buch des Neuen Testaments, der auch „Apokalypse" genannten „Offenbarung des Johannes", ist von vier apokalyptischen Reitern die Rede (Offb 6,1–8), die Krieg, Hunger, Tod und Verderben über die Menschheit bringen. Das Pferd des ersten Reiters ist weiß, das zweite Pferd ist feuerrot, das dritte schwarz und das vierte schließlich „fahl". Auf diesem vierten Pferd reitet „der Tod". Die Unterwelt folgt ihm. Gemeinsam haben sie die Macht „über ein Viertel der Erde, Macht zu töten durch Schwert, Hunger und Tod und durch die Tiere der Erde".

3 Die „Asternrevolution" in Ungarn (28.–31. Oktober 1918) besiegelte gegen Ende des Ersten Weltkrieges den Zerfall Österreich-Ungarns. In Deutschland führte die „Novemberrevolution" am 9. November 1918 zur Abdankung des Kaisers und zur Ausrufung der Republik. Am 12. November 1918 wurde in Wien durch die provisorische Nationalversammlung die Republik „Deutschösterreich" ausgerufen. Dabei kam es zu Tumulten vor dem Parlament. Die Ausrufung der Republik wurde in der österreichischen Bevölkerung als Revolution wahrgenommen.

4 In Österreich kam es in der Folge des 1. Weltkrieges wie in mehreren anderen europäischen Ländern, v.a. im Deutschen Reich, Anfang der 1920er-Jahre zu einer rasanten Geldentwertung, einer „Hyperinflation". Diese Geldentwertung konnte 1925 durch die Einführung des Schillings als nationale Währung gestoppt werden.

5 Faschistische Bewegung unter der Führung Benito Mussolinis (1883–1945), die sich ab 1921 in der „Nationalen Faschistischen Partei" organisierte. 1922 wurde Mussolini zum Ministerpräsidenten des Königreiches Italien gewählt, das er ab 1925 als Diktator regierte. Führerkult und eine agressive, kriegerische Großmachtpolitik kennzeichneten den italienischen Faschismus.

land[1] und vor allem jene Erzpest, den Nationalismus, der die Blüte unserer europäischen Kultur vergiftet hat. Ich musste wehrloser, machtloser Zeuge sein des unvorstellbarsten Rückfalls der Menschheit in längst vergessen gemeinte Barbarei mit ihrem bewussten und programmatischen Dogma der Antihumanität. Uns war es vorbehalten, wieder seit Jahrhunderten Kriege ohne Kriegserklärungen, Konzentrationslager, Folterungen, Massenberaubungen und Bombenangriffe auf wehrlose Städte zu sehen, Bestialitäten all dies, welche die letzten fünfzig Generationen nicht mehr gekannt haben und künftige hoffentlich nicht mehr erdulden werden. Aber pardoxerweise habe ich auch in ebenderselben Zeit, da unsere Welt im Moralischen zurückstürzte um ein Jahrtausend, dieselbe Menschheit im Technischen und Geistigen sich zu ungeahnten Taten erheben sehen, mit einem Flügelschlag alles in Millionen Jahren Geleistete überholend: die Eroberung des Äthers[2] durch das Flugzeug, die Übermittlung des irdischen Worts in derselben Sekunde über den Erdball[3] und damit die Besiegung des Weltraums, die Zerspaltung des Atoms,[4] die Besiegung der heimtückischesten Krankheiten,[5] die fast tägliche Ermöglichung des gestern noch Unmöglichen. Nie bis zu unserer Stunde hat sich die

---

1 Revolutionäre kommunistische Bewegung in Russland, die unter der „Diktatur des Proletariats“ eine klassenlose Gesellschaft errichten wollte. Auf dem zweiten Parteitag der „Sozialdemokratischen Arbeiterpartei Russlands“ errangen die Anhänger Lenins (1870–1924) die Mehrheit, woraufhin sie „Bolschewiki“ („Mehrheitler“) genannt wurden. Der Sieg der Bolschewisten in der Russischen Revolution 1917 und dem sich daran anschließenden Bürgerkrieg führte am 30. Dezember 1922 zur Gründung der Sowjetunion.

2 Äther (hier): Himmelsraum

3 Seit 1927 waren transatlantische Telefongespräche, die mittels Langwellenfunk übertragen wurden, möglich. Am 10. Februar 1928 fand das erste Telefongespräch von Deutschland in die USA statt.

4 Die erste nachgewiesene Kernspaltung von Uran gelang Otto Hahn (1879–1968) am 17. Dezember 1938 in Berlin.

5 u. a. durch die Einführung von Antibiotika; das 1910 eingeführte Arzneimittel Salvarsan ermöglichte erstmals eine erfolgreiche Behandlung der Syphilis, einer z. T. seuchenhaft verbreiteten Geschlechtskrankheit, die unbehandelt bleibende Schäden verursachen oder zum Tod führen kann

Menschheit als Gesamtheit teuflischer gebärdet und nie so Gottähnliches geleistet.

Aus: Stefan Zweig: Die Welt von Gestern – Erinnerungen eines Europäers. Köln: Anaconda Verlag, 2013, S. 9 ff.

„Die Schule im vorigen Jahrhundert" – Auszug aus „Die Welt von Gestern"

Dass ich nach der Volksschule auf das Gymnasium gesandt wurde, war nur eine Selbstverständlichkeit. Man hielt in jeder begüterten Familie schon um des gesellschaftlichen Willen sorglich darauf, „gebildete" Söhne zu haben; [...] darum gehörte es zum Ehrgeiz jeder „guten" Familie, dass wenigstens einer ihrer Söhne vor dem Namen irgendeinen Doktortitel trug. Dieser Weg bis zur Universität war nun ziemlich lang und keineswegs rosig. Fünf Jahre Volksschule[1] und acht Jahre Gymnasium mussten auf hölzerner Bank durchgesessen werden, täglich fünf bis sechs Stunden, und in der freien Zeit die Schulaufgaben bewältigt und überdies noch, was die „allgemeine Bildung" forderte neben der Schule, Französisch, Englisch, Italienisch, die „lebendigen" Sprachen neben den klassischen Griechisch und Latein, – also fünf Sprachen zu Geometrie und Physik und den übrigen Schulgegenständen. Es war mehr als zu viel und ließ für körperliche Entwicklung, für Sport und Spaziergänge fast keinen Raum und vor allem nicht für Frohsinn und Vergnügen. Dunkel erinnere ich mich, dass wir als Siebenjährige irgendein Lied von der „fröhlichen, seligen Kinderzeit" auswendig lernen und im Chor singen mussten. Ich habe die Melodie dieses einfachen-einfältigen Liedchens noch im Ohr, aber sein Text ist mir schon damals schwer über die Lippen gegangen und noch weniger als Überzeugung ins Herz gedrungen. Denn meine ganze Schulzeit war, wenn ich ehrlich sein soll, nichts als ein ständiger gelangweilter Überdruss, von Jahr zu Jahr gesteigert durch die Ungeduld dieser Tretmühle zu entkommen. Ich kann mich nicht besinnen, je

1 Die Volksschule war im Österreich des 19. Jahrhunderts eine bis zu acht Jahrgangsstufen (beinhaltete eine dreijährige „Oberstufe") umfassende Grund- und Hauptschule.

„fröhlich“ noch „selig“ innerhalb jenes monotonen, herzlosen und geistlosen Schulbetriebs gewesen zu sein, der uns die schönste, freieste Epoche des Daseins gründlich vergällte, und ich gestehe sogar, mich heute noch eines gewissen Neides nicht erwehren zu können, wenn ich sehe, um wie viel glücklicher, freier, selbstständiger sich in diesem Jahrhundert die Kindheit entfalten kann. Noch immer kommt es mir unwahrscheinlich vor, wenn ich beobachte, wie heute Kinder unbefangen und fast au pair[1] mit ihren Lehrern plaudern, wie sie angstlos statt wie wir mit einem ständigen Unzulänglichkeitsgefühl zur Schule eilen, wie sie ihre Wünsche, ihre Neigungen aus junger, neugieriger Seele in Schule und Haus offen bekennen dürfen – freie, selbstständige, natürliche Wesen, indes wir, kaum wir das verhasste Haus betraten, uns gleichsam in uns hineinducken mussten, um nicht mit der Stirn gegen das unsichtbare Joch[2] zu stoßen. Schule war für uns Zwang, Öde, Langeweile, eine Stätte, in der man die „Wissenschaft des nicht Wissenswerten“ in genau abgeteilten Portionen sich einzuverleiben hatte, scholastische[3] oder scholastisch gemachte Materien, von denen wir fühlten, dass sie auf das reale, auf unser persönliches Interesse keinerlei Bezug haben konnten. Es war ein stumpfes, ödes Lernen nicht um des Lebens willen, sondern um des Lernens willen, das uns die alte Pädagogik aufzwang. Und der einzige wirklich beschwingte Glücksmoment, den ich in der Schule zu danken habe, wurde der Tag, da ich ihre Tür für immer hinter mir zuschlug.

Aus: Stefan Zweig: Die Welt von Gestern – Erinnerungen eines Europäers. Köln: Anaconda Verlag, 2013, S. 52 ff.

„Incipit[4] Hitler“ – Auszug aus „Die Welt von Gestern“

Mein Haus in Salzburg lag so nahe der Grenze, dass ich mit freiem Auge den Berchtesgadener Berg sehen konnte, auf dem Adolf Hit-

---

1 (franz., hier:) ebenbürtig
2 Zuggeschirr bei Ochsen; hölzerne Fessel
3 Scholastik: engstirnige Schulweisheit
4 incipit (lat.): es beginnt; Incipit: erste Worte eines Textes, Anfangstakte eines Musikstückes

lers Haus[1] stand, eine wenig erfreuliche und sehr beunruhigende Nachbarschaft. Diese Nähe der deutschen Reichsgrenze gab mir allerdings auch Gelegenheit, besser als meine Freunde in Wien die Bedrohlichkeit der österreichischen Situation zu beurteilen. Dort betrachteten die in den Cafés Sitzenden und sogar auch die Leute in den Ministerien den Nationalsozialismus als eine Angelegenheit, die „drüben" geschah und Österreich nicht im Mindesten berühren könnte. War denn nicht die sozialdemokratische Partei mit ihrer straffen Organisation zur Stelle, die beinahe die Hälfte der Bevölkerung geschlossen hinter sich hatte? War nicht auch die klerikale Partei mit ihr in leidenschaftlicher Abwehr einig, seit Hitlers „deutsche Christen" das Christentum offen verfolgten und ihren Führer offen und wörtlich „größer als Christus" nannten? Waren nicht Frankreich, England, der Völkerbund[2] Österreichs Schirmherren[3]? Hatte nicht Mussolini ausdrücklich das Protektorat[4] und sogar die Garantie der österreichischen Unabhängigkeit übernommen[5]? Selbst die Juden sorgten sich nicht und taten, als ob die Entrechtung der Ärzte, der Rechtsanwälte, der Gelehrten, der Schauspieler in China vor sich ginge und nicht drei Stunden weit drüben im gleichen Sprachgebiet. Sie saßen behaglich in ihren Häusern und fuhren in ihren Automobilen. Außerdem hatte jeder das Trostsprüchlein bereit: „Das kann nicht lange dauern." [...]
In Salzburg freilich, knapp an der Grenze, sah man die Dinge deutlicher. Es begann ein fortwährendes Hin und Her über den schmalen Grenzfluss, die jungen Leute schlichen nachts hinüber und

---

1 Hitlers Sommerresidenz am Obersalzberg; entwickelte sich ab 1937 zum zweiten Regierungssitz

2 Vorläufer der Vereinten Nationen; 1920 gegründete zwischenstaatliche Organisation mit Sitz in Genf zur Sicherung des Weltfriedens

3 hier: Beschützer

4 hier: Schutz Österreichs durch die Schutzmacht Italien

5 Der österreichische Bundeskanzler Engelbert Dollfuß erhoffte sich vom italienischen Diktator Benito Mussolini Schutz vor dem nationalsozialistischen Deutschland. In den „Römischen Protokollen" vom 17. März 1934 vereinbarten Italien, Österreich und Ungarn eine enge Zusammenarbeit.

wurden einexerziert[1], die Agitatoren[2] kamen in Autos oder mit Bergstöcken als schlichte „Touristen“ über die Grenze und organisierten in allen Ständen ihre „Zellen“. Sie begannen zu werben und gleichzeitig zu drohen, dass wer nicht rechtzeitig sich bekenne, später dafür werde bezahlen müssen. Das schüchterte Polizisten, die Staatsbeamten ein. Immer mehr spürte ich an einer gewissen Unsicherheit im Betragen, wie die Leute zu schwanken begannen. Nun sind im Leben immer die kleinen persönlichen Erlebnisse die überzeugendsten. Ich hatte in Salzburg einen Jugendfreund, einen recht bekannten Schriftsteller, mit dem ich durch dreißig Jahre in innigstem, herzlichstem Verkehr gestanden hatte. Wir duzten uns, wir hatten uns gegenseitig Bücher gewidmet, wir trafen uns jede Woche. Eines Tages sah ich nun diesen alten Freund auf der Straße mit einem fremden Herrn und merkte, dass er sofort bei einer ihm ganz gleichgültigen Auslage[3] stehen blieb und diesem Herrn mit mir zugewendetem Rücken dort ungemein interessiert etwas zeigte. Sonderbar, dachte ich: er muss mich doch gesehen haben. Aber das konnte Zufall sein. Am nächsten Tag telefonierte er mir plötzlich, ob er nachmittags auf einen Plausch zu mir kommen könne. Ich sagte zu, etwas verwundert, denn sonst trafen wir uns immer im Kaffeehaus. Es ergab sich, dass er mir nichts Besonderes zu sagen hatte trotz dieses eiligen Besuchs. Und es war mir sofort klar, dass er einerseits die Freundschaft mit mir aufrechterhalten, andererseits, um nicht als Judenfreund verdächtigt zu werden, sich in der kleinen Stadt nicht mehr allzu intim mit mir zeigen wollte. Das machte mich aufmerksam. Und ich merkte bald, dass in letzter Zeit eine ganze Reihe von Bekannten, die sonst häufig kamen, ausgeblieben waren. Man stand auf gefährdetem Posten.

Ich dachte damals noch nicht daran, Salzburg endgültig zu verlassen, aber ich entschloss mich lieber als sonst, den Winter im Ausland zu verbringen, um all diesen kleinen Spannungen zu entge-

---

1 geschult, gedrillt, ausgebildet
2 Agitation: Werbung oder Propaganda für politische oder soziale Ziele; Agitator: politischer Anwerber, Propagandist, Aufwiegler, Unruhestifter
3 hier: Schaufenster

hen. Doch ich ahnte nicht, dass es schon eine Art von Abschied war, als ich im Oktober 1933 mein schönes Haus verließ.

Aus: Stefan Zweig: Die Welt von Gestern – Erinnerungen eines Europäers. Köln: Anaconda Verlag, 2013, S. 498 ff.

Brief Stefan Zweigs an Joseph Roth[1] im Mai 1934

Ich umarme Sie, lieber Freund. Und ich leide darunter, dass Sie so weit sind. Das letzte Mal habe ich, ganz unter dem Druck der schweren Erlebnisse – ich sagte es Ihnen nicht: man hatte bei uns zwei Tage vorher eine Hausdurchsuchung in Salzburg gemacht nach Waffen des Schutzbundes[2] (!!!) bis in meinen Wäscheschrank, und ich hatte die Kraft, diese maßlose Beschimpfung und Missachtung in einer Stadt, wo ich 15 Jahre lebte, vor Euch allen zu verschweigen, und Gottseidank kam es in keine Zeitung, man jagte mich mit Spitzelberichten wie einen Verbrecher – all das lastete auf mir, ich war, als ich mit Ihnen in Paris sprach von diesem Verschweigen, vor Scham (über die andern) ganz verstört.

Aus: Stefan Zweig: Briefe an Freunde. Herausgegeben von Richard Friedenthal. FfM: S. Fischer Verlag, 1978, S. 247

Stefan Zweigs Abschiedsbrief

Declaracão

Ehe ich aus freiem Willen und mit klaren Sinnen aus dem Leben scheide, drängt es mich, eine letzte Pflicht zu erfüllen: diesem wundervollen Lande Brasilien innig zu danken, das mir und meiner Arbeit so gute und gastliche Rast gegeben. Mit jedem Tage habe ich dies Land mehr lieben gelernt, und nirgends hätte ich mir mein

---

1 österreichischer Schriftsteller und Journalist (1894–1939)

2 Republikanischer Schutzbund: 1923/24 gegündete bewaffnete Organisation der österreichischen Sozialdemokratischen Arbeiterpartei. Im Februar 1934 kam es zu bewaffneten Auseinandersetzungen zwischen Mitgliedern des Schutzbundes und der Polizei und Heimwehr („Österreichischer Bürgerkrieg“). Die diktatorisch geführte Dollfuß-Regierung löste den Schutzbund auf. Zahlreiche Angehörige des Schutzbundes wurden verhaftet, führende Mitglieder hingerichtet.

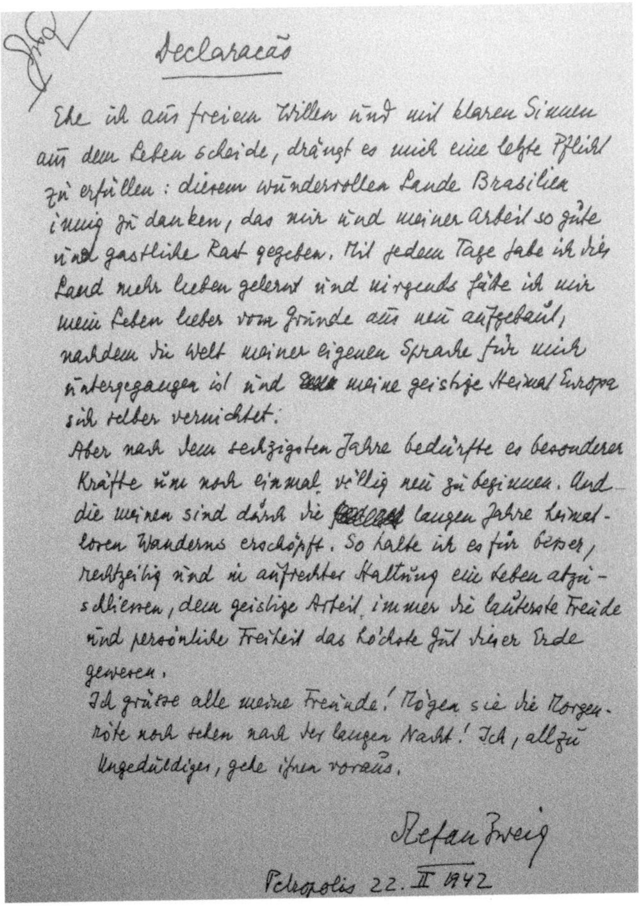

Declaração

Ehe ich aus freiem Willen und mit klaren Sinnen aus dem Leben scheide, drängt es mich eine letzte Pflicht zu erfüllen: diesem wundervollen Lande Brasilien innig zu danken, das mir und meiner Arbeit so gute und gastliche Rast gegeben. Mit jedem Tage habe ich dies Land mehr lieben gelernt und nirgends hätte ich mir mein Leben lieber vom Grunde aus neu aufgebaut, nachdem die Welt meiner eigenen Sprache für mich untergegangen ist und meine geistige Heimat Europa sich selber vernichtet.

Aber nach dem sechzigsten Jahre bedürfte es besonderer Kräfte um noch einmal völlig neu zu beginnen. Und die meinen sind durch die langen Jahre heimatlosen Wanderns erschöpft. So halte ich es für besser, rechtzeitig und in aufrechter Haltung ein Leben abzuschliessen, dem geistige Arbeit immer die lauterste Freude und persönliche Freiheit das höchste Gut dieser Erde gewesen.

Ich grüsse alle meine Freunde! Mögen sie die Morgenröte noch sehen nach der langen Nacht! Ich, allzu Ungeduldiger, gehe ihnen voraus.

Stefan Zweig

Petropolis 22. II 1942

Stefan Zweigs handschriftlicher Abschiedsbrief

Leben lieber vom Grunde aus neu aufgebaut, nachdem die Welt meiner eigenen Sprache für mich untergegangen ist und meine geistige Heimat Europa sich selber vernichtet.

Aber nach dem sechzigsten Jahre bedürfte es besonderer Kräfte, um noch einmal völlig neu zu beginnen. Und die meinen sind durch die langen Jahre heimatlosen Wanderns erschöpft. So halte

ich es für besser, rechtzeitig und in aufrechter Haltung ein Leben abzuschließen, dem geistige Arbeit immer die lauterste Freude und persönliche Freiheit das höchste Gut dieser Erde gewesen.
Ich grüße alle meine Freunde! Mögen sie die Morgenröte noch sehen nach der langen Nacht! Ich, allzu Ungeduldiger, gehe ihnen voraus.

Stefan Zweig

Petropolis 22. II 1942

Aus: Renoldner, Klemens u. a. (Hrsg.): „Stefan Zweig – Bilder. Texte. Dokumente." Salzburg, Wien: Residenz-Verlag 1993, S. 212

„Stefan Zweigs brennendes Geheimnis" – Auszug aus dem Buch von Ulrich Weinzierl

In einem Schreiben an den Berliner Arzt Paul Orlowski, der ihm ein Manuskript über Goethes Bisexualität zukommen ließ, sinniert[1] Thomas Mann Anfang 1954 ausgiebig über das „Rätsel des Geschlechtlichen" [...]: „Die Welt ist voll von aus dem Bürgerlichen fallenden und genialisch-merkwürdigen Begabungen, deren kulturelle oder auch nur amüsante Darbietungen die Bürgerlichkeit naiv genießt und applaudiert, während sie aus sexueller ‚Abwegigkeit' kommen. Der weltberühmteste deutsche Schriftsteller der jüngst vergangenen Zeit, Stefan Zweig, soll Exhibitionist gewesen sein. Mir hat er es nicht gestanden, aber in der Intimität[2] weiß man es, und er soll auch schwere Unannehmlichkeiten davon gehabt haben. Höchst sonderbar! Ich gestehe, dass gerade vor dieser Passion mein Verständnis haltmacht, während es sonst ziemlich weit reicht." [...]

Eine reine Tratscherei ohne Fundierung? Der Basler Psychiater und Selbstmordforscher Prof. Dr. Thomas Haenel, der die umfassendste Studie zu Zweigs Seelenleben veröffentlicht hat, [...] hat sich [...] damit auseinandergesetzt. Sein Befund: unglaubwürdig. [...]

Haenel ist kein Philologe[3], er ist Zweig-Enthusiast und Experte für alles Psychiatrische. Doch auch der Fachbiografik gab das Problem

[1] sinnieren: nachdenken, grübeln
[2] hier: im Vertrauten
[3] Sprach- oder Literaturwissenschaftler

zu denken, zuallererst Donald Prater. Er und seine Nachfolger wurden allerdings von einer anderen Quelle zu ihren Überlegungen veranlasst: den ausschließlich auf Italienisch verfügbaren Erinnerungen „Memorie di un Veneziano“ (1958) von Benno Geiger, einem von Zweigs „vertrautesten Freunden“ vor dem Ersten Weltkrieg. In seinem [...] Brief an Hermann Kesten spricht Prater von einer „tantalizing“ (also „quälenden“) Passage in Geigers Buch über „Zweig's exhibitionism“. [...] Kaum ein Biograf, der sich nicht mit dem von Geiger via Prater in die Welt gesetzten Thema befasst hätte. Am ausführlichsten Oliver Matuschek, der den betreffenden Abschnitt der „Memorie“ übersetzt zitiert: „Auch Zweig hatte seine kleine Perversion, und um nicht gegen das Gesetz zu verstoßen, hatte er sich von Freud[1], der in dieser Sache Bescheid wusste, eine Erklärung ausstellen lassen, dass er einer seiner Patienten und bei ihm in Behandlung sei. Er selbst hat mir dies erzählt. Er litt an der Sucht des Exhibitionismus, das heißt an dem unwiderstehlichen Drang, sich in Anwesenheit eines einsamen jungen Mädchens zu entblößen. Diese Lappalie bezeichnete er mit dem von ihm erfundenen Begriff: ‚Schauprangertum‘. Beliebte Plätze waren die Wege im Park von Schönbrunn; besonders das alte Affenhaus, welches als Käfig längst aufgegeben, im Zentrum einer Art Labyrinth gelegen ist. Dort konnte man, über die geschnittenen Buchsbaumhecken hinweg, rechtzeitig die Gendarmen bemerken, auch wenn sie sich auf leisen Sohlen näherten.“ Matuschek ist skeptisch – mit durchaus überzeugenden Argumenten: „Geigers Erinnerungen [...] strotzen wie viele seiner Gedichte vor phantastischen und gelegentlich sehr geschmacklosen Details. [...] Beispiele für seine blühende Phantasie bei der Beschreibung seiner Erlebnisse sind reichlich bekannt. Hat Geiger ernsthaft glauben können, ein so umstrittener Mann, wie Sigmund Freud es seinerzeit war, hätte es gewagt, einem seiner Patienten mit exhibitionistischen Neigungen eine Art ‚Jagdschein‘ auszustellen, der im Falle einer Festnahme zu Nachsicht und mildernden Umständen vonseiten der Behörden hätte führen sollen?“ [...]

[1] Sigmund Freud (1856–1939): österreichischer Arzt und Begründer der Psychoanalyse

Der Freud-Konnex[1] ist absurd [...]. Gleichwohl, Stefan Zweig ist tatsächlich Exhibitionist gewesen. Das bezeugen weder Polizei- noch Gerichtsakten, Zweig hatte Glück, aber der Beweis liegt seit 1984 gedruckt vor. Er wurde immer übersehen bzw. überlesen. Es handelt sich gleich um die erste erhaltene Eintragung seines Tagebuchs, vom 10. September 1912: „Dann spazieren, Liechtenstein[2], schaup. Das Object zu jung noch ohne tieferes Interesse, mehr frappiert[3] als schon an richtiger psychologischer Stelle erfasst. Dies eigentlich weniger aufreizend, aber mehr gefährlich und wäre zu meiden.“ An diesen Vorsatz hat er sich, keine Überraschung, nicht gehalten. In den Diarien wurden von deren Verfasser einige Seiten herausgerissen, die verfänglichen sechs Buchstaben der Abkürzung „schaup“ entgingen seiner Aufmerksamkeit ...“

Aus: Ulrich Weinzierl: „Stefan Zweigs brennendes Geheimnis“. Salzburg, Wien: Paul Zsolnay Verlag 2015, S. 169 ff.

[1] Konnex: Zusammenhang, Verbindung
[2] Liechtensteinpark in Wien
[3] erstaunt, überrascht

2. Entstehungsgeschichte der „Schachnovelle“

Bereits im Sommer 1938 begann Stefan Zweig wohl mit ersten Vorarbeiten zu seiner Erzählung „Schachnovelle“. Die Niederschrift erfolgte dann vermutlich zwischen September 1941 und Januar 1942 im Exil in der brasilianischen Stadt Petropolis. Am Samstag, dem 21. Februar 1942, einen Tag bevor er sich das Leben nahm, verschickte Stefan Zweig drei getippte Manuskripte seiner Novelle an die Verleger Ben Huebsch und Gottfried Bermann-Fischer in New York sowie an den Übersetzer Alfredo Cahn in Buenos Aires.

Die erste Buchausgabe erschien nach Zweigs Tod im September 1942 in brasilianischer Übersetzung im Erzählband „A três paixoes. Três novelas“ („Drei Leidenschaften. Drei Novellen“). Die erste deutschsprachige Ausgabe folgte im Dezember 1942 in kleiner Auflage (250–300 Exemplare) im argentinischen Verlag Pigmalion. 1943 erschien dann im Stockholmer Exilverlag Bermann-Fischer eine weitere deutschsprachige Ausgabe. Die vorliegende Edition basiert auf dieser.

Neben Stefan Zweigs persönlichen Erfahrungen (zunehmender Antisemitismus[1] in Deutschland und Österreich, Bücherverbrennungen und -verbote, Hausdurchsuchung in Salzburg, Exil) dürften auch Berichte Dritter über die Situation in Österreich (Verfolgung, Flucht, Gestapo-Verhöre) Eingang in die Erzählung „Schachnovelle“ gefunden haben. Eine weitere wahrscheinliche Quelle ist Savielly G. Tartakowers Werk „Die hypermoderne Schachpartie“, ein 1925 erschienenes „Schachlehr- und Lesebuch“, das auch die Geschichte des Schachspiels und die Biografien berühmter Schachspieler behandelt.

Brief Stefan Zweigs an Joseph Roth im Sommer 1938

Lieber Freund, Sie schweigen mich hartnäckig an, ich aber denke oft und herzlich an Sie. Mein Leben ist in letzter Zeit arg überhäuft, ich habe das Buch glücklich aus[k]orrigiert (was bei mir beinahe: Nocheinmalschreiben heißt), dann Material gesammelt zu einer

1 Judenfeindlichkeit

Novelle (oder Art symbolischer Novelle), an der ich jetzt schon schreibe, nur immer wieder verstört. Ich muss bei der Arbeit allein sein (bei der conceptiven[1] zumindest) und wollte seit 10 Tagen nach Boulogne[2] flüchten, aber das Wetter ist erbarmungslos. [...] Hier lebe ich wie in einer Höhle, kenne ein Zehntel der Leute wie vor zwei Jahren, auch sonst fällt und raschelt viel Laub von alten Herzensbanden. Nun, man hat aber auch kräftig mit der germanischen Axt auf uns losgedroschen! [...]

Aus: Stefan Zweig: Briefe an Freunde. Herausgegeben von Richard Friedenthal. FfM: S. Fischer Verlag, 1978, S. 291

Brief an Friderike Zweig vom 17. September 1941

Ich will hier[3] in diesem Monat die Autobiografie korrigieren und intensivieren, auch plane ich eine kleine abseitige Novelle, und so wird es mir, sofern die Ruhe bleibt, an Arbeit nicht fehlen. Hätte ich nur die amerikanischen Bibliotheken zur Hand! Ich werde allenfalls aber nur in großen Zügen den Grundriss machen und einfügen, sobald mir einmal wieder Gelegenheit geboten ist.

Aus: Stefan Zweig: Briefe an Freunde. S. 331

Brief an Friderike Zweig vom 29. September 1941

Hier korrigiere ich viel an der Autobiografie, habe eine kleine Schachnovelle entworfen, angeregt davon, dass ich mir für die Abgeschiedenheit ein Schachbuch gekauft habe und täglich die Partien der großen Meister nachspiele.

Aus: Stefan Zweig, Friderike Zweig: Ein Briefwechsel 1912 – 1942, herausgegeben von Friderike Maria Zweig. Bern: Alfred Scherz Verlag, 1951, S. 342

1 konzeptiv (hier): die Konzeption, Entwicklung betreffend
2 Boulogne-sur-Mer: nordfranzösische Hafenstadt am Ärmelkanal; Zweig lebte zu der Zeit in London
3 in Petropolis

Brief an Berthold Viertel[1] vom 28. Oktober 1941

Petropolis (Brasil)
34, Rua Gonçalves Dias
28. Oktober 1941

Per Spaß machte ich mit Frischauer eine S[k]izze zu einem brasilianischen Film (ohne an Realisierung zu denken), habe aber Aufsätze erst nicht geschrieben, sondern nur eine kuriose Novelle entworfen, die Ihnen vielleicht gefiele – eine Schachnovelle mit einer eingebauten Philosophie des Schachs, ich habe sie aber noch nicht abgeschlossen. Mit allerhand Plänen spiele ich herum – das viele Alleinsein und gänzlich von Zeitschriften, Zeitungen (außer brasilianischen) Abgeschnittensein hält anscheinend das Innere zusammen.

Aus: Stefan Zweig: Briefe an Freunde. S. 337

Brief an Hermann Kesten vom 15. Januar 1942

Von mir ist wenig zu berichten. Ich habe eine Novelle geschrieben in meinem beliebt-unglücklichen Format, zu groß für eine Zeitung und ein Magazin, zu klein für ein Buch, zu abstrakt für das große Publikum, zu abseitig in seinem Thema. Aber Sie wissen ja, dass Mütter ihre einerseits schwächlichen, anderseits begabten Kinder am zärtlichsten ans Herz drücken.

Aus: Hermann Kesten (Hrsg.): Deutsche Literatur im Exil. Briefe europäischer Autoren 1933–1949. FfM: Fischer Taschenbuch Verlag, 1973, S. 155

[1] österreichischer, jüdischer Schrifsteller, Dramaturg und Regisseur (1885–1953)

3. Stefan Zweig in Selbstzeugnissen

In diesem Kapitel finden Sie ausgewählte Äußerungen Stefan Zweigs über die sich durch den Aufstieg des Nationalsozialismus' dramatisch verändernde politische Weltlage ab 1933 sowie über das Leben im Exil.

Zweig über die politische Weltlage (ab 1933)

Stefan Zweig, der den Aufstieg der deutschen Nationalsozialisten im benachbarten Salzburg miterlebte, hoffte wie viele andere anfangs, dass es sich dabei lediglich um ein vorübergehendes Phänomen handelte. Diese Hoffnung schwand jedoch rasch. Nachdem sein Haus 1934 von der Polizei bzw. Heimwehr durchsucht worden war, entschied er sich, ins Exil zu gehen.
Obwohl er die politische Entwicklung mit großer Sorge und Bestürzung betrachtete, hielt er sich mit öffentlichen politischen Äußerungen zurück. So entschied er sich 1933 gegen die ursprünglich geplante Mitarbeit an der von Klaus Mann zwischen 1933 und 1935 in einem Amsterdamer Verlag herausgegebenen literarischen Exilzeitschrift „Die Sammlung", da ihm deren Ausrichtung zu politisch war. Inwieweit er dadurch persönliche Nachteile für sich und sein Werk vermeiden wollte, ist umstritten.

Brief an Otto Heuschele[1] vom 13. Januar 1933

Salzburg, Kapuzinerberg 5
am 13. Januar 1933

Die Zeit sehe ich nicht so hoffnungslos wie die andern; je mehr sich der Hass überschreit, je irrwitziger die Parteiung wird, umso sicherer sehe ich den Ekel, der diese ewige Überfütterung mit vergifteten Worten nicht mehr erträgt. Die neue Jugend wird nach dem ewigen Gesetz des Wellenschwungs von Politik nichts mehr wissen wollen, und vielleicht blühen in den Gärten dann wieder die Gedichte und die Luft beginnt abermals rein zu tönen.

Aus: Stefan Zweig: Briefe an Freunde. S. 223

---

[1] deutscher Schriftsteller (1900–1996)

Brief an Frans Masereel[1] vom 15. April 1933

Salzburg, Kapuzinerberg 5
am 15. April 1933[2]

Vielleicht hast Du das gestrige Dekret der deutschen Studentenschaft[3] gelesen, die auffordert, aus allen Privatbibliotheken alle „undeutschen“ Bücher verbrennen zu lassen (auch die Studie über Dich gehört dazu) und dass in Hinkunft wir unsere Bücher zuerst hebräisch erscheinen lassen und allenfalls davon Übersetzungen erlaubt werden. Du lachst wahrscheinlich, wenn Du dies liest, aber die Hasspsychose in Deutschland ist so, dass dies buchstäblich wahr ist und in der deutschen Studentenschaft als Befehl verkündet wird. Was sonst geschieht, spottet jeder Beschreibung, jede Art von Recht, Freizügigkeit ist in Deutschland aufgehoben, und es wird nur ganz kurze Zeit dauern, und wir haben in Österreich das gleiche Schicksal. Was man dann tun wird, ist unklar, ich habe die stärkste Abneigung, Emigrant zu werden und würde das nur im äußersten Notfall tun, denn ich weiß, dass alles Emigrantentum gefährlich ist, man macht dadurch die Zurückgebliebenen zu Geiseln und erschwert ihnen das Leben. Jetzt wären die Verhältnisse für uns noch viel fürchterlicher als im Kriege, dort war wenigstens die Entschuldigung einer Psychose aus wirklicher Gefahr, während hier eine rein provokatorische Haltung vorliegt, die auch über kurz oder lang zu schwersten internationalen Konflikten führen muss. Alle diese national-antisemitische Exzesse sind ja vorläufig nur da, um das Volk zu beschäftigen und auf billige Weise zu begeistern. Nach und nach wird aber die Regierung außenpolitische Erfolge unbedingt brauchen und dann sehe ich wirklich verhängnisvolle

---

1 belgischer Maler und Grafiker (1899–1972)

2 Am 30. Januar 1933 wurde Adolf Hitler zum Reichskanzler ernannt; am 23. März 1933 schaltet Hitlers Regierung durch das „Ermächtigungsgesetz“ das Parlament weitgehend aus.

3 1919 gegründeter Zusammenschluss der Studentenvertretungen („Allgemeinen Studentenausschüsse“) aller Hochschulen im deutschen Sprachraum (also einschließlich Österreichs); seit 1931 unter dem Vorsitz des „Nationalsozialistischen Deutschen Studentenbundes“; 1945 verboten

Entwicklungen voraus. Seit zwanzig Jahren, seit 1914 ist alles was geschehen ist, der Krieg, der Frieden von Versailles, gegen die Vernunft geschlossen und für uns, die mit einem unerklärlichen Optimismus immer wieder an Aufstieg, Einigung geglaubt haben, der Beweis erbracht, dass wir falsch gedacht haben und dass vielleicht die Hälfte, oder vielleicht die ganze Mühe vergeblich gewesen sind. Am ärgerlichsten bei allem aber ist, dass man unter dieser täglichen Gehässigkeit, den Bedrohungen und Spannungen nicht recht arbeiten kann. Aber vielleicht gewöhnt man sich auch daran. Man muss nur lernen, innerlich zu resignieren, härter, strenger, abgeschiedener und vielleicht auch gleichgültiger zu leben.

Aus: Stefan Zweig: Briefe an Freunde. S. 227 f.

Stefan Zweig mit seiner Frau Friderike Maria Zweig vor ihrem Wohnhaus in Salzburg

Brief an Klaus Mann[1] vom 18. September 1933

Salzburg, Kapuzinerberg 5
am 18. September 1933

Lieber Klaus Mann!

Ich bekam vor drei Tagen „Die Sammlung“ und heute Ihren Brief; lassen Sie mich offen und in aller Herzlichkeit reden, ohne jeden Hinterhalt. Als Sie mir seinerzeit schrieben, Sie wollten mit Annemarie Schwarzenbach[2] eine literarische, unpolitische Zeitung machen für diejenigen, die in Deutschland nicht zu Worte kommen können, war ich mit Freude einverstanden und sicherte Ihnen einen Beitrag zu. Aber Sie selbst sind es, lieber Klaus Mann, der diesem Plan ein anderes Gesicht gegeben hat und der Zeitschrift einen aggressiven Charakter: daher jetzt auch die verschiedenen Absagen. [...] Ich bin keine polemische Natur, ich habe mein ganzes Leben lang immer nur *für* Dinge und *für* Menschen geschrieben und nie gegen eine Rasse, eine Klasse, eine Nation oder einen Menschen und ich bin der Überzeugung, dass Leute wie Kerr[3] unserer Sache unendlichen Abbruch tun. Einer so ungeheuren Katastrophe muss man in großen Darstellungen entgegentreten, nicht mit kleinen Sticheleien. Ich war gewiss nicht dagegen und habe mich wochenlang bemüht, um ein großes gemeinsames Manifest von hoher Haltung zu schaffen, das ich nicht nur unterschreiben wollte, sondern dessen Entstehung ich sogar organisieren und mit meiner vollen Verantwortung decken wollte, ich bewahre entscheidenden Dingen gegenüber meinen Mut, aber, das gestehe ich offen, kleinliche impotente Angriffe halte ich für ein Ärgernis, für ein Unglück und möchte sichtbar zeigen, dass ich nichts mit diesem Kampf zu tun habe, der meiner Meinung nach unserer Sache nur schadet. Ich denke natürlich nicht an den deutschen Markt, der ist längst verloren, aber ich denke sehr an die Menschen, die in

---

1 deutscher Schriftsteller (1906–1949), Sohn des Schriftstellers Thomas Mann (1875–1955)

2 Schweizer Schriftstellerin und Journalistin (1908–1942)

3 Alfred Kerr (1867–1948): deutscher Schriftsteller und Kritiker, verfasste bis 1933 für den Berliner Rundfunk Glossen gegen die Nationalsozialisten

Deutschland sind und denen wir, statt zu helfen, heute nur schaden und ich erkläre ruhig, dass ich jeden Angriff für ein Unheil halte, der nicht große geistige Linie hat, der nur stichelt und nicht trifft. Wäre Ihre Zeitung, lieber Klaus Mann, wirklich nur eine Darstellung unserer Leistung, unseres Wirkens und Willens gewesen, ohne jede polemische Einbegleitung, ich hätte gern mitgetan. Aber ich habe sieben Monate oder länger, ebenso wie Ihr Vater, kein Wort in einer inländischen oder ausländischen Zeitung veröffentlicht, weil ich der Ansicht bin, dass dadurch, dass wir keinen Anlass geben die Tatsachen umzudrehen, das Unrecht deutlicher und unwiderleglich würde und man nicht den Spieß umkehren könnte und sagen, wir hätten provoziert.

Ich weiß, dass man in Deutschland über jeden Angriff von uns geradezu glücklich wäre, um sagen zu können: Seht ihr! Wie recht haben wir gehabt – Darum hätte ich so sehr gewünscht, dass unsere Demonstrationen zunächst einzig in Leistung bestanden hätten, in hoher und unwidersprechlicher Qualität und ich sehe, dass die Auffassung der andern da mit meiner vollkommen übereinstimmt. Es wäre unendlich wichtig gewesen, neben den politisch aggressiven Blättern ein Blatt zu haben, das ausschließlich die künstlerische Leistung der „Ausgelöschten" zeigte, dadurch wäre den andern, den Kämpfern noch nicht das Wort abgeschnitten gewesen, denn sie hätten ihre Zeitschriften für sich gehabt.

Ich verstehe, lieber Klaus Mann, dass Sie durch diese Absagen bestürzt sind, aber Sie müssen auch uns verstehen, die wir uns verpflichtet fühlen durch Verantwortlichkeit gegenüber den in Deutschland zurückgebliebenen Freunden und dass insbesondere für einen Juden das Verantwortungsgefühl noch stärker gesteigert sein muss.

Aus: Stefan Zweig: Briefe an Freunde. S. 235 f.

Brief an Friderike Zweig vom 10. Oktober 1935

L.F.

Ich bin sehr bedrückt – einerseits die Lage, die sich zusehends verschlechtert, zweitens die entsetzlichen Briefe, die ich jetzt aus Deutschland bekomme, diese *gellenden* Hilferufe der Juden, die es sich zu lange überlegt haben und jetzt ins Ausland wollen, das heißt müssen, und doch nicht können. Den erschütternden von E. H. hast Du ja gelesen [...] – gleichzeitig schreibt mir direkt hierher Justizrat N. [...], ob ich seinen Sohn hier[1] als Kellner unterbringen könne, und hundert solche erzählte Dinge. Es war nie etwas so Furchtbares als jetzt durch diese letzten Hassmaßnahmen in D.[2] geschehen. – Ich sehe leider die Dinge voraus, vielleicht zu früh, was mein Fehler ist, aber ich kann das nicht ändern.

Aus: Stefan Zweig: Briefe an Freunde. S. 268 f.

„Die Agonie des Friedens" – Auszug aus „Die Welt von Gestern"

Ich meinte, alles Furchtbare vorausgefühlt zu haben, was geschehen könnte, wenn Hitlers Hasstraum sich erfüllen und er Wien, die Stadt, die ihn als jungen Menschen arm und erfolglos von sich gestoßen, als Triumphator besetzen würde. Aber wie zaghaft, wie klein, wie kläglich erwies sich meine, erwies sich jede menschliche Fantasie gegen die Unmenschlichkeit, die sich entlud an jenem 13. März 1938[3], dem Tage, da Österreich und damit Europa der nackten Gewalt zur Beute fiel! Jetzt sank die Maske. [...] Jetzt wurde nicht mehr bloß geraubt und gestohlen, sondern jedem privaten Rachegelüst freies Spiel gelassen. Mit nackten Händen mussten Universitätsprofessoren die Straßen reiben, fromme weißbärtige Juden wurden in den Tempel geschleppt und von johlenden Burschen gezwungen, Kniebeugen zu machen und im Chor „Heil Hitler" zu schreien. Man fing unschuldige Menschen auf der Straße wie Hasen zusammen und schleppte sie, die Abtritte der S.A. Kasernen zu fegen; alles, was krankhaft schmutzige Hassfantasie in vielen Nächten sich orgiastisch ersonnen, tobte sich am hellen Tage aus. Dass sie in die Wohnungen einbrachen und zitternden

1 in London

2 Am 15. September 1935 wurden auf dem Reichsparteitag der NSDAP die Nürnberger Rassengesetze beschlossen, die unter anderem Eheschließungen zwischen Juden und Nichtjuden verboten.

3 Der „Anschluss" Österreichs an das Deutsche Reich wird durch entsprechende Gesetze besiegelt.

Frauen die Ohrgehänge abrissen – dergleichen mochte sich bei Städteplünderungen vor Hunderten Jahren in mittelalterlichen Kriegen ebenfalls ereignet haben; neu aber war die schamlose Lust des öffentlichen Quälens, die seelischen Marterungen, die raffiniertesten Erniedrigungen. All dies ist verzeichnet nicht von einem, sondern von Tausenden, die es erlitten, und eine ruhigere, nicht wie die unsere moralisch schon ermüdete Zeit wird mit Schaudern einst lesen, was in dieser Stadt der Kultur im zwanzigsten Jahrhundert ein einziger hasswütiger Mensch verbrochen. Denn das ist Hitlers diabolischster Triumph inmitten seiner militärischen und politischen Siege – diesem einen Manne ist es gelungen, durch fortwährende Übersteigerung jeden Rechtsbegriff abzustumpfen. *Vor* dieser „Neuen Ordnung" hatte die Ermordung eines einzigen Menschen ohne Gerichtsspruch und äußere Ursache noch eine Welt erschüttert, Folterung galt für undenkbar im zwanzigsten Jahrhundert, Expropriierungen[1] nannte man noch klar Diebstahl und Raub. *Jetzt* aber, nach den immer erneut sich folgenden Bartholomäusnächten[2], nach den täglichen Zutodefolterungen in den Zellen der S.A. und hinter den Stacheldrähten, was galt da noch ein einzelnes Unrecht, was irdisches Leiden? 1938, nach Österreich, war unsere Welt schon so sehr an Inhumanität, an Rechtlosigkeit und Brutalität gewöhnt wie nie zuvor in Hunderten Jahren. Während vordem allein, was in dieser unglückseligen Stadt Wien geschehen, genügt hätte zur internationalen Ächtung, schwieg das Weltgewissen im Jahre 1938 oder murrte nur ein wenig, ehe es vergaß und verzieh.

Aus: Stefan Zweig: Die Welt von Gestern. S. 533ff.

Brief an Felix Braun im Herbst 1939

Lieber Felix, ich bin in Bath und recht zwecklos wie wir alle. Im letzten Kriege konnte ich sprechen – gegen den Krieg sprechen,

---

1 Enteignungen

2 Bartholomäusnacht: auf Befehl der französischen Königinmutter Katharina von Medici in der Nacht vom 23. auf den 24. August (Bartholomäustag: evangel. Gedenktag zu Ehren des Apostels Bartholomäus) 1572 an französischen Protestanten in Paris verübtes Massaker und Pogrom

weil ich meine Sprache hatte, Zeitungen, Zeitschriften, die Möglichkeit der Bindung. Alles dies haben unsere Freunde in neutralen Ländern und in Frankreich. Hier sind wir nutzlos. Wahrscheinlich wird mich das B.B.C.[1] eines Tages entdecken wollen, aber ich bin trotz aller Erbitterung gegen Hitler zu keiner Kriegspropaganda geeignet. [...]

Felix, lass die Astrologie und Horoscopiererei! Wie oft hast Du mir Hitlers Ende aufgrund solchen Altweibergeschwätzes schon versprochen, für 1936, 1937. Lass doch den Vorwitz, wissen und raten zu wollen. Geduld, sie ist es, die wir brauchen, unendliche, demütige Geduld. Ich habe sie, weil mir das Leben und mein Leben schon im Wesentlichen weggelebt erscheint; ich fühle mich als Zuschauer und zu meiner Schande bringe ich nicht mehr genug Mitgefühl auf: ich habe zu viel verbraucht in diesen Jahren. Ich kann nicht an die gehetzten polnischen Juden denken, an die drei Millionen, die jetzt langsam verhungern werden unter diesen viehischen Eroberern[2]. Nur an die Freunde kann ich denken. [...] Die Freunde in Frankreich haben nicht die geistige Einsamkeit um sich wie wir hier. Etwas berührt mich hier immer wieder fremd – gerade jetzt in höchster Bewunderung: wie ruhig die Menschen sind, unerschütterlich und verhalten! Ich war hier zufällig im Amt, da kam ein Clerk[3] herein, sagte „Deutschland ist in Polen eingebrochen. Das ist der Krieg". Der Beamte mit dem ich sprach, hob gar nicht den Kopf und sprach amtlich weiter, während mir die Ohren dröhnten. Wie sie weggehen zur Armee! Wie zu einem Match – es ist großartig und doch, ich schauere dabei; denn dieser Krieg kann bei solcher ruhigen Entschlossenheit zehn Jahre dauern. Ich hörte einen sehr hohen Mann vor zwölf Leuten in einem Zimmer sagen „Natürlich wird ein beträchtlicher Teil Londons zerstört werden, wenn Hitler lange durchhält" – er sagte es mit einer solchen Ruhe und niemand widersprach. [...] Jedenfalls ahnen diese Verbrecher [...] nicht im Entferntesten, was sie herausgefordert haben. Denk

---

1 British Broadcasting Corporation: 1922 gegründete britische Rundfunkanstalt

2 Der Überfall auf Polen durch die deutsche Wehrmacht am 1. September 1939 markiert den Beginn des 2. Weltkriegs.

3 Angestellter, Schreiber, Sachbearbeiter

dir, was für ein Heros Hitler geworden wäre, hätte er sich mit Danzig und einem Stück des Corridors[1] friedlich begnügt. Nun wird er die Hybris[2] büßen. Aber wie viele, wie viele mit ihm!

Aus: Stefan Zweig: Briefe an Freunde. S. 304f.

Zweig über das Leben im Exil

Kurz nachdem sein Haus in Salzburg am 18. Februar 1934 durchsucht worden war, verließ Zweig seine österreichische Heimat und emigrierte nach London. 1939 zog er von dort nach Bath, in den Westen Englands. Nach Ausbruch des 2. Weltkrieges brach Zweig 1940 in Richtung New York auf. Im Anschluss an eine Vortragsreise durch Südamerika kehrte er zunächst in die USA zurück, ehe er sich 1941 in Petropolis, Brasilien, niederließ. Das Leben im Exil beschrieb Stefan Zweig zumeist als ein Verlusterlebnis (Verlust der Heimat, der Kultur, des Freundes- und Bekanntenkreises, des literarischen Wirkungsfeldes und Publikums, ...) und im Lichte der politischen Entwicklungen in Deutschland und Österreich als einen bedrückenden Zwang.

Brief an Richard Beer-Hofmann[3] vom 11. Juli 1940

The Wyndham Hotel, New York
11. Juli 1940

Aber selig die Toten in dieser Zeit – ich bin so tief erschüttert, weil ich mehr Europäer als Österreicher war und der Sieg, der zeitweilige, der Gewalt mich für immer heimatlos macht. Ich bin mit meiner kleinen Klugheit so wie von Österreich rechtzeitig von England fort, alles hinter mir lassend, was Besitz war, und sogar das halbfertige Manuskript eines Buches, an dem ich seit Jahren arbeite, und irre jetzt mit einem Transitvisum, hier eingelassen und fortgetrieben, nach Südamerika zu Vorlesereisen, dich ich nicht mag. Werde ich je zurückkehren können? Werde ich es dürfen, werde ich

---

[1] Der Polnische bzw. Danziger Korridor wurde infolge des Versailler Vertrages nach dem 1. Weltkrieg von Deutschland Polen zugeschlagen.

[2] Hochmut, Selbstüberschätzung, Anmaßung, Überheblichkeit

[3] österreichischer Schriftsteller (1866–1945)

es wollen? Aber ich frage schon nicht mehr, ich lasse mich treiben, nur von einem Gedanken beseelt, nicht diesem braunen Burschen in die Hände zu fallen – dies die einzige Furcht, die ich im Leben noch habe, die andern sind verlernt. Ich hatte mich schon ganz zurückgezogen, auf Umgang verzichtend und nur jenes [Umgangs] mit Büchern und meinem Garten froh, nun heißt es weiter ahasverisch[1] wandern, und als einzige Arbeit erzähle ich mir (und später andern) mein Leben, das eines Europäers und Juden in dieser Zeit.

Aus: Stefan Zweig: Briefe an Freunde. S. 314 f.

Brief an Thomas Mann vom 29. Juli 1940

The Wyndham Hotel, New York
11. Juli 1940

Dass ein Mann wie Sie, der wie keiner Solidarität mit der Emigration bekundet, von Einzelnen angefeindet wird, überrascht mich und andererseits doch wieder nicht. Emigration bedingt eine Verschiebung des Gleichgewichts, sie ist eine Gleichgewichtsstörung, weil der Einzelne plötzlich nicht mehr dasselbe Gewicht im Sinne der Geltung hat wie vordem; das führt dann epidemisch zu seelischen Verstörungen. [...]

Sie sind so gütig, mich nach meinem Wohin zu fragen. Ich weiß es nicht. Ich bin eigentlich entschlossen, nach England zurückzukehren, außer im Falle, dass Mosley[2] dort Diktator wird. Ich habe einfach nicht mehr die Kraft, bei Konsulaten, Ämtern um Erlaubnisse, Verlängerungen einzukommen[3]. Ist es in England halbwegs möglich trotz deutscher Sprachzugehörigkeit und jüdischer Belastung zu leben in der Weise, wie ich immer lebte – nicht öffentlich, un-

---

1 ruhelos umherirrend; Ahasveros: Ewiger Jude, Gestalt einer christlichen Volkssage, die zu ewiger, rastloser Wanderschaft verflucht wurde, weil sie dem Kreuz tragenden Jesus eine Ruhepause verwehrte

2 Oswald Mosley (1896–1980): britischer Politiker, gründete 1932 die faschistische Partei „British Union of Fascists", wurde am 23. Mai 1940 gemeinsam mit anderen Anhängern der Faschisten in Großbritannien interniert

3 einkommen (hier): sich mit einem Anliegen förmlich, offiziell an eine Behörde wenden

sichtbar –, so werde ich es tun. Kommt Mosley oder sonst eine Form des Faschismus, dann ist Amerika gleichfalls kein Hort für lange Dauer mehr. Ich suche zunächst, den ganzen Komplex des „Wohin" möglichst auszublenden und lasse mich treiben. Einmal muss entweder der Sturm enden, oder man endet selbst.

Aus: Stefan Zweig: Briefe an Freunde. S. 316 ff.

Brief an Richard Friedenthal[1] vom 19. September 1941

[Aus dem Englischen]

Petropolis, 19. September 1941

Wir kamen hier müde und völlig ausgepumpt an, und dies Leben ohne Sicherheit noch Pläne ist schrecklich deprimierend. Jetzt leben wir endlich inmitten herrlicher Landschaft und in völliger Isolierung. Wir haben für einige Monate ein kleines Bungalow gemietet, dessen einziger richtiger Raum eine große Terrasse ist, auf der ich den ganzen Tag lang schreiben und arbeiten kann und versuchen zu vergessen, was geschieht und was noch kommen mag. Der Ort selber, die einzige Sommerfrische in der Nähe von Rio, wird im Januar und Februar schrecklich überlaufen sein, weil die Hitze hier während der Nacht nachlässt. Jetzt aber ist der Ort völlig verlassen und wir sehen überhaupt niemanden. Was ich nun aber jetzt in Literatur wie Leben tue: ich habe immer das Gefühl, dass es nicht ganz das Richtige ist und dass wir unsere besten Kräfte mit Warten und Wünschen erschöpfen.

Aus: Stefan Zweig: Briefe an Freunde. S. 316 ff.

Brief an Friderike Zweig vom 4. Februar 1942

Petropolis, 4. Februar 1942

Es gibt nicht viel zu berichten. Ich bin deprimiert von der Aussicht, dass die wirkliche Entscheidung und der endgültige Sieg in diesem Jahre nicht mehr kommen werden und dass der größte Teil unserer besten Jahre für unsere Generation in diesen beiden Welt-Erschüt-

[1] von Stefan Zweig geförderter deutscher Schriftsteller (1896–1979), Herausgeber der Briefsammlung „Stefan Zweig: Briefe an Freunde"

Stefan und Lotte Zweig in Petropolis

terungen dahinging. Nach diesem Krieg wird alles verändert sein [...]; hier bestehen auch Arbeitsbeschränkungen und gewisse nationalistische Maßnahmen.

Ich genieße den herrlichen Sommer; wir haben, während Rio durch die Hitze zum Glutofen wird, kühle Nächte und prachtvolle Tage; vom rein Physischen her gesehen könnte es nicht besser sein. Es ist jetzt Saison in diesem „Ischl"[1], aber ich lebe ebenso zurückgezogen wie zuvor, lese, schreibe und gehe spazieren mit meinem kleinen Hund, der sehr süß ist, nicht so intelligent wie Kaspar, aber sehr anhänglich, als ob ich ihn schon von jung an hätte. Briefe werden seltener und seltener, jeder hat seine eignen Sorgen, und man hat keine Lust zu schreiben, wenn nichts Wichtiges zu erzählen ist – und was in unserem kleinen, beschränkten Leben ist noch wichtig vor den Welt-Ereignissen! Meine Autobiografie ist durch

[1] Bad Ischl: österreichischer Kurort

Flugpost nach Schweden abgegangen und ich hoffe, dass das Manuskript richtig eingeht. Hübsch wird bald meine kleine Studie über die Vespucci-Frage[1] veröffentlichen, und ich schreibe an dem Montaigne[2], aber all das geschieht ohne rechte Intensität – wenn man nicht wie früher die Antwort verspürt unter dem Kanonendonner, so fehlt einem die rechte Leidenschaft.
Lesen hilft mir am besten und zwar nur gute alte Lektüre, *erprobte* Bücher, wie ich es sagen möchte: Balzac, Goethe, Tolstoi. Was uns aber fehlt ist gutes Gespräch mit Menschen unseres Niveaus. Die meisten Leute, mit denen wir zusammenkommen, verstehen nicht, was vorgeht und was noch kommt; sie glauben, dass der künftige Friede nur eine Fortsetzung der Friedenszeit sein wird. Man muss gewisse Dinge durchlebt haben um sie zu verstehen; und Europa ist ihnen geistig so fern wie uns China es war in diesen den letzten schrecklichen Zeiten.

Aus: Stefan Zweig: Briefe an Freunde. S. 347 ff.

Brief an Friderike Zweig vom 22. Februar 1942

[Aus dem Englischen]

Petropolis, 22. Februar 1942

Liebe Friderike,
wenn Du diesen Brief erhältst, werde ich mich viel besser fühlen als zuvor. Du hast mich in Ossining[3] gesehen, und nach einer guten und ruhigen Zeit verschärfte sich meine Depression – ich litt so sehr, dass ich mich nicht mehr konzentrieren konnte. Und dann die Gewissheit – die einzige, die wir hatten –, dass dieser Krieg

---

1 Stefan Zweig: „Amerigo. Die Geschichte eines historischen Irrtums". Zweigs Essay über den italienischen Kaufmann und Seefahrer Amerigo Vespucci (1451/54?–1512), nach dem Amerika benannt wurde, erschien postum 1944.

2 Fragment gebliebener Essay Stefan Zweigs über den französischen Philosophen Michel Eyquem Seigneur de Montaigne (1533–1592); 1948 in der „Deutschen Rundschau" in Stockholm erstmals in deutscher Sprache veröffentlicht

3 Kleinstadt im US-Bundesstaat New York; Stefan Zweig verbrachte dort gemeinsam mit seiner Frau Lotte den Sommer 1941.

noch Jahre dauern wird, dass es endlose Zeit brauchen wird, ehe wir, in unserer besonderen Lage, wieder in unserem Haus uns niederlassen können, war zu bedrückend. Petropolis gefiel mir sehr gut, aber ich hatte nicht die Bücher, die ich brauchte, und die Einsamkeit, die erst so beruhigend wirkte, fing an niederschlagend zu wirken – der Gedanke, dass mein Hauptwerk, der Balzac[1], nie fertig werden könnte ohne zwei Jahre in ruhigem Leben und mit allen Büchern, war sehr hart, und dann dieser Krieg, der seinen Höhepunkt noch nicht erreicht hat. Ich war für all das zu müde. Du hast Deine Kinder und damit eine Pflicht zu erfüllen, Du hast weitreichende Interessen und eine ungebrochene Aktivität. Ich bin sicher, Du wirst die bessere Zeit noch erleben und Du wirst mir recht geben, dass ich mit meiner „schwarzen Leber" nicht mehr länger gewartet habe. [...]

Aus: Stefan Zweig: Briefe an Freunde. S. 350f.

[1] unvollendete Biografie des französischen Schriftstellers Honoré de Balzac (1799–1850); der mit Zweig befreundete Schriftsteller Richard Friedenthal bearbeitete das fragmentarische Manuskript u. a. auf der Grundlage von 2000 Seiten Notizen so, dass Zweigs „Balzac" 1946 postum im Bermann-Fischer Verlag in Stockholm erscheinen konnte.

4. Die „Schachnovelle" im Kontext von Zweigs Gesamtwerk

Die erst nach Stefan Zweigs Tod erschienene „Schachnovelle" ist heute das wohl berühmteste Werk des österreichischen Autors. Innerhalb seines Gesamtwerkes entpuppt sich die Novelle mit ihren politischen Anspielungen und ihrer zeitgenössischen Brisanz jedoch als ein Sonderfall. Zu seinen Lebzeiten hatte sich Zweig vor allem mit unterhaltsamen, leidenschaftlichen Novellen und als Verfasser von Biografien historischer Persönlichkeiten einen Namen gemacht.

Alfred Pfoser: Stefan Zweig

Zweig, Stefan, * 28.11.1881 *Wien*, † 23.2.1942 *Petropolis bei Rio de Janeiro/Brasilien* (Freitod); Grabstätte: ebd. – Verfasser von Erzählungen, Romanen und historischen Biografien, Feuilletonist, Essayist, Lyriker, Übersetzer.

In seiner Autobiografie *Die Welt von Gestern. Erinnerungen eines Europäers* (Stockholm 1944. Engl. New York 1943) entwirft Zweig ein Bild der Epoche, das die politischen Katastrophen und die Aufbrüche seiner Zeit mit der eigenen Vita in Verbindung setzt. Zweigs großbürgerlich-jüdisches Elternhaus war geprägt von der Fortschrittsorientierung, dem Sicherheitsdenken des Spätliberalismus und vom leidenschaftlichen Drang zur kulturellen Verfeinerung, wie er für das assimilierte Judentum[1] typisch war. [...]
Zweig studierte in Berlin und Wien Philosophie, Germanistik und Romanistik und wurde 1904 zum Dr. phil. promoviert. Bereits ab dem 17. Lebensjahr publizierte er Gedichte und Novellen in Zeitungen und Zeitschriften. Der Lyrikband *Silberne Saiten* (Berlin 1901) verschaffte ihm den Ruf eines großen Talents eines neuromantischen[2] Impressionismus[3], das es auch verstand, Baudelaires und

[1] Juden, die sich kulturell ihrer nicht jüdischen Umgebung angepasst haben
[2] Neuromantik: Sammelbegriff für literarische Gegenströmungen zum Naturalismus (wirklichkeitsgetreue Darstellung) von 1890 bis 1920
[3] literarische Strömung (1890–1910), die sich um eine möglichst stimmige Wiedergabe subjektiver Sinneseindrücke und Seelenzustände bemühte

Verlaines[1] Symbolismus[2] für die deutsche Lyrik zu adaptieren. Zweigs Begeisterung für die französische Lyrik zeigte sich auch in den Übersetzungen, neben Baudelaire suchte er vor allem seinen belgischen Freund Emile Verhaeren, später auch Romain Rolland[3] im deutschen Sprachraum bekannt zu machen.

Einen großen Teil der Jahre bis 1914 verbrachte Zweig, dem der Kosmopolitismus[4] eine Selbstverständlichkeit war, auf Reisen durch die ganze Welt. Neugierde und Unrast führten ihn nach Berlin, Paris, London, Nordafrika, Indien, Nord- u. Mittelamerika. Er nahm in den Metropolen Kontakt auf mit vielen bekannten und unbekannten Schriftstellern, Künstlern und Intellektuellen und führte umfangreiche Korrespondenzen. So war Zweig stets ein Mann der internationalen Beziehungen, der Freundschaften wichtig nahm, zwischen den nationalen Kulturen vermittelte und auch bereit war, junge Talente zu fördern oder Freunden in Notfällen materiell zu helfen.

Zweig widmete ein Kapitel seiner Autobiografie den sitten- u. kulturgeschichtlichen Umbrüchen seit der Jahrhundertwende. Unter dem Stichwort „Eros Matutinus" beschreibt er den schwierigen Ablösungsprozess vom Patriarchalismus[5] der Makartzeit[6]. Beeinflusst von Freud[7] und der Psychoanalyse, schrieb er Novellen *(Die Liebe der Erika Ewald.* Berlin 1904. *Erstes Erlebnis. Vier Geschichten aus Kinderland.* Leipzig 1911), die die „Angst vor dem Körperlichen

---

[1] Charles Baudelaire (1821–67): französischer Schriftsteller; Paul Verlaine (1844–96): französischer Lyriker

[2] literarische Strömung (1870–1920), die sich vom Wirklichkeitsgebot des Realismus und Naturalismus löst, um einer unsichtbaren inneren Wahrheit (symbolisch) Ausdruck zu verleihen

[3] Émile Verhaeren (1855–1916): belgischer Dichter; Romain Rolland (1866–1944): französischer Schriftsteller und Literaturnobelpreisträger (1915)

[4] Weltbürgertum

[5] Patriarchat: eine männerdominierte, vom Vaterrecht geprägte Gesellschaft

[6] vom österreichischen Maler Hans Makart (1840–1884) abgeleitete österreichische Bezeichnung für die Epoche von 1870–1885

[7] Stefan Zweig war mit dem österreichischen Arzt und Begründer der Psychoanalyse, Sigmund Freud (1858–1939), befreundet und hielt eine Grabrede für ihn.

und Natürlichen“ und die Rolle der Sexualität aufzudecken suchten. In diesen Erzählbänden vor 1918 stellte Zweig die Zwanghaftigkeit dar, mit der Erwachsene ihre erotischen Erlebnisse vor den Kindern zu verbergen suchen und dadurch in unangenehmste Situationen (*Brennendes Geheimnis*. Ebd. 1913) geraten; auch die Erzählbände *Amok. Novellen einer Leidenschaft* (ebd. 1922) und *Verwirrung der Gefühle* (ebd. 1927) nach dem Ersten Weltkrieg handeln von den sexuellen Bedrängungen, die wohlbestallte Bürger[1] plötzlich aus der vorgezeichneten Bahn werfen. Durch die Geschichten stürmen leidenschaftlich Bewegte, die Zweig in aufgeregt-blumiger Sprache porträtiert, um sie umso deutlicher vom Alltag mit seinen Sicherungen und vermeintlichen Gewissheiten abzuheben. Charakteristisch für Zweigs Erzählweise, die bei einem großen Publikum ausgezeichnet ankam und den Büchern Auflagen von 100 Tausend und mehr eintrugen, ist eine sensationsgefärbte Mechanik exzentrischer Getriebenheit. Erzählungen, in denen auch die sozialen Veränderungen und die zeitgenössische Politik stark mitgedacht sind, bilden eher die Ausnahme; berühmt wurde die *Schachnovelle* (Stockholm 1941), in deren Mittelpunkt ein dem Gestapo-Terror entronnener [Anwalt][2] steht und die bereits die Bitterkeit des Exils schmeckt.

Während des Ersten Weltkriegs arbeitete Zweig, wie andere österreichische Schriftsteller, im Wiener Kriegspressequartier. Auch wenn er 1914 nicht ganz frei war von nationalen Ressentiments (vgl. *Tagebücher*. Frankfurt am Main 1984), so setzte sich vor allem nach seinen Erfahrungen als Berichterstatter an der galizischen Front ein bedingungsloser Pazifismus durch. Gegen die „seelische Erstarrung, die bei ganzen Völkern jeder Sieg bedingt“, schrieb er 1917 das Drama *Jeremias* (Leipzig 1917), das im Februar 1918 in Zürich aufgeführt wurde und zum Fanal der Friedensgesinnung wurde.

---

1 Bürger in einer gehobenen beruflichen Position

2 Im Original steht hier „Arzt“. Offenbar hat sich der Autor des Artikels vom akademischen Titel Dr. B.s irreführen lassen. Tatsächlich ist Dr. B. von Beruf Rechtsanwalt. Lediglich sein Onkel war als Arzt tätig.

Nach der Rückkehr nach Österreich siedelte sich Zweig in Salzburg an und spann von dort aus seine völkerverbindenden Kontakte. Er heiratete Friderike von Winternitz, die er bereits 1912 kennengelernt hatte (verheiratet bis 1938). Reisen führten Zweig wieder durch halb Europa, u. a. nach Sowjetrussland.

Zweigs zweiter literarischer Schwerpunkt war die literarische Verarbeitung der Geschichte, sei es in essayistischen Momentaufnahmen (so in dem Bestseller *Sternstunden der Menschheit*. Leipzig 1927), sei es in den international sehr erfolgreichen Biografien und biografischen Skizzen. Sie waren getragen vom Versuch, einer heroisch-nationalistischen Geschichtsschreibung mit ihren martialischen[1] Helden andere, geistige und literarische Vorbilder entgegenzustellen und die Leser an die großen geschichtlichen Persönlichkeiten und ihre menschlichen Schwächen heranzuführen. Zweig wollte in seiner Geschichtspädagogik das „Heldische nicht an den Schlachtfeldern, sondern in einer einzelnen menschlichen Seele, Heldentum einer inneren Überzeugung und nicht der Faust“ (so im Vortrag *Geschichtsschreibung von morgen*. 1941), zeigen. Protagonisten sind der frz. Polizeiminister *Joseph Fouché. Bildnis eines politischen Menschen* (Leipzig 1929), ein skrupelloser Opportunist, der jeden Regimewechsel überlebte, oder der kaltblütige Fanatiker Calvin[2] (*Castellio gegen Calvin oder Ein Gewissen gegen die Gewalt*. Wien 1936). Andererseits porträtierte Zweig große Dichter und Denker. Im Porträt des Erasmus von Rotterdam[3] (*Triumph und Tragik des Erasmus von Rotterdam*. Ebd. 1934) spiegelt sich sein eigener antipolitischer Anspruch, auch sein Selbstverständnis in der Ablehnung des Nationalsozialismus.

Zweigs Bücher kamen bei den NS-Bücherverbrennungen 1933 auf den Scheiterhaufen, ab 1936 durften seine Werke in Deutschland nicht mehr verkauft werden. Bei der Februarrevolte 1934 wurde von

---

[1] martialisch: kriegerisch, Furcht einflößend

[2] Johannes Calvin (1509–64): kirchlicher Reformator und Begründer des Calvinismus; bezichtigte im Prozess gegen den 1553 auf dem Scheiterhaufen verbrannten Michael Servetus den Angeklagten der Ketzerei, was ihm der Gelehrte Sebastian Castellio (1515–63) öffentlich vorwarf.

[3] Erasmus von Rotterdam (1465/69–1536): holländischer Philosoph, Theologe und Philologe

der austrofaschistischen Heimwehr in seinem Haus auf dem Kapuzinerberg nach Waffen gesucht. Aus Protest wählte Zweig von 1934 an London als seinen Hauptwohnsitz. Nach Hitlers Einmarsch in Österreich war Zweig endgültig von Österreich abgeschnitten. Unruhe und Depression bedrängten ihn im Exil mehr denn je, trotzdem war der weltweit angesehene Schriftsteller unermüdlich mit weiteren Büchern wie mit großen Vortragsreisen für die Sache der Völkerverständigung tätig. 1940 wurde er englischer Staatsbürger, in tiefer Verzweiflung über den Krieg zog er aber weiter nach New York. 1941 siedelte er sich in Brasilien an, das er in einem eigenen Buch, *Brasilien* (Stockholm 1941), als „Ein Land der Zukunft" feierte. „Durch die langen Jahre heimatlosen Wanderns erschöpft" (so in seinem Abschiedsbrief), setzten er und seine zweite Frau Lotte ihrem Leben am 23.2.1942 gemeinsam ein Ende. Zweigs Freitod löste bei der deutschen und österreichischen Emigration große Bestürzung aus und wurde zum Teil als willkommenes Geschenk an Hitler heftig kritisiert. Sein Werk, in großen Auflagen verlegt und in viele Sprachen übersetzt, hat Zweig bis heute weltweit eine große Popularität erhalten.

Aus: Alfred Pfoser: „Stefan Zweig". In: Walther Killy (Hrsg.): Literaturlexikon. Digitale Bibliothek Band 9. Vgl. Druckausgabe, Gütersloh: Bertelsmann Lexikon Verlag, 1992 Band 12, S. 536 ff.

5. Zur Rezeptions- und Wirkungsgeschichte der „Schachnovelle“

Die anfängliche Rezeptions- und Wirkungsgeschichte der „Schachnovelle“ in der Zeit unmittelbar nach ihrem Erscheinen und nach Ende des 2. Weltkrieges ist relativ wenig erforscht. Vieles spricht dafür, dass die 1960 entstandene Verfilmung Gerd Oswalds wesentlich zum Erfolg des Buches beitrug. Unbestritten ist, dass Stefan Zweigs „Schachnovelle“ mittlerweile ein literarischer Welterfolg ist. Der Text wurde in „mehr als sechzig Sprachen übersetzt“ (Renoldner), lieferte und liefert die Vorlage für mehrere Hörspielfassungen, Hörbücher, Opern[1] und ungezählte Theateraufführungen. Die „Schachnovelle“ ist längst ein Schulbuchklassiker, gilt als Kultbuch unter Schachfreunden und ist heute wohl mit Abstand Stefan Zweigs bekanntestes Werk.

Als Literat wurde Zweig von Kritik und Forschung nicht immer vollends ernst genommen. Sein Publikumserfolg und seine unterhaltsame Erzählweise erwiesen sich für die literarische Anerkennung bisweilen als hinderlich. Diese distanzierte, kritische Haltung schlug sich gelegentlich auch in der Rezeption der „Schachnovelle“ nieder, die tendenziell jedoch als Ausnahmeerscheinung innerhalb Zweigs Gesamtwerk betrachtet wurde, da sie sich stärker als andere Texte Zweigs mit zeitgenössischer Politik auseinandersetzte.

Entsprechend war der politische Gehalt der „Schachnovelle“ zunächst ein wesentlicher Aspekt in der Rezeption. Daneben spielten auch die Bezüge des Stoffes zu Stefan Zweigs Biografie, insbesondere zu seiner Exilerfahrung, eine wichtige Rolle. Daraus etablierte sich ein Deutungsmuster in der Sekundärliteratur, das Czentovic mit dem Nationalsozialismus bzw. Hitler, Dr. B. mit Stefan Zweig und Dr. B.s Isolationshaft mit Zweigs Leben im Exil gleichsetzte. Für Siegfried Unseld etwa, der 1979 das Nachwort zur im S. Fischer Verlag erschienenen Ausgabe der „Schachnovelle“ verfasste, verkörperte der Schachweltmeister den nationalsozialistischen Geist.

---

[1] Die Weltaufführung der „Schachnovelle“ des spanischen Komponisten Cristóbal Halffter fand am 18. Mai 2013 unter der musikalischen Leitung von Georg Fritzsch und unter der Regie von Daniel Karasek im Kieler Opernhaus statt. Das Libretto verfasste Wolfgang Haendeler.

Die spätere Forschung stellte solche Gleichsetzungen zunehmend infrage, indem sie beispielsweise auf die eklatanten Unterschiede in den Biografien Dr. B.s und Stefan Zweigs verwies. Zudem rückten statt politischer Deutungen vermehrt psychologische Lesarten in den Blickpunkt.

Klemens Renoldner: „Weltweit geschätzt und gelesen"

Die „Schachnovelle" ist der letzte Text, den Stefan Zweig fertiggestellt hat. Im August 1941 war sein Buch „Brasilien – Ein Land der Zukunft" erschienen. Es hatte in Brasilien wenig Anklang gefunden. Das Manuskript der „Erinnerungen eines Europäers" mit dem Titel „Die Welt von Gestern" hatte Zweig im September 1941 beendet und an seine Verleger gesandt. Die anderen literarischen Projekte, an denen Zweig in seinen letzten Lebensmonaten gearbeitet hatte, blieben Fragment [...].

Der Ruhm der „Schachnovelle" gründet kaum darauf, dass sie das letzte Werk des österreichischen Schriftstellers ist. Von größerer Bedeutung ist ihre Verwendung als Schullektüre. Auch von Schriftstellerkollegen und Literaturwissenschaftlern wird dieser Text geschätzt, und die Anerkennung hält bis heute an. Zuletzt sprach der Londoner Germanist Rüdiger Görner 2012 von einem „Glücksfall ausgereifter Erzählkunst".

Die „Schachnovelle" wurde in mehr als sechzig Sprachen übersetzt, der S-Fischer-Verlag dürfte allein von der Taschenbuchausgabe rund zwei Millionen Exemplare verkauft haben. Am Renommee der 70-seitigen Erzählung haben auch der Film mit Mario Adorf und Curd Jürgens aus dem Jahr 1960 sowie verschiedene Bearbeitungen für Hörspiel und Bühne ihren Anteil. Im Mai 2013 wurde am Theater in Kiel die Oper „Schachnovelle" des spanischen Komponisten Cristobal Halffter uraufgeführt. Und es ist nicht die erste Oper, zu der Zweigs Erzählung als Libretto eingerichtet wurde.

Aus: Klemens Renoldner: Endlich im Original zu lesen. Stefan Zweigs „Schachnovelle" von 1942. In: Neue Zürcher Zeitung, 10. August 2013

Buchbesprechung in „Die Zeit" (1950)

Zweig ist der überempfindliche Literat, der an der Emigration zugrunde ging. Kurz bevor er in Petropolis, nahe Rio de Janeiro, seinem Leben mit kühler Überlegung ein Ende setzte, hatte er von sich als einem „ewigen Flüchtlingslehrling" gesprochen. Labilität im Empfinden [...] und die Treibhausluft gleichbleibenden Ruhmes ließen ihn für ein unstetes Leben nicht tauglich sein. Zu den jüngsten in der Emigration geschriebenen Arbeiten – neben der „Welt von Gestern" und der Balzac-Biografie – gehört jene „Schachnovelle", die er wenige Wochen vor seinem Tode im Februar 1942 seinem Freunde und Berater Ernst Feder mit dem Bemerken übersandte: „Ich wäre höchst dankbar, wenn Sie als doppelter Fachmann der beiden Künste, der schachlichen und der literarischen, mir Ihre Einwände rückhaltlos sagen wollten." Der Bermann Fischer Verlag in Stockholm, der sich auch der anderen nachgelassenen Werke Zweigs annahm, brachte die Arbeit 1943 heraus und hat sie jetzt auch für Deutschland neu verlegt.

Die Seereise von New York nach Rio – die letzte, die der Autor nach seiner Flucht aus Österreich unternahm – gibt den Rahmen für eine gespenstische Schachpartie, die sich im Rauchsalon des Schiffes der junge Weltmeister dieses geistigen Sports und ein österreichischer Rechtsanwalt liefern. Dem Tölpel aus südslawischer Dörflichkeit klebt die Meisterschaft wie ein Wunder an, dem von der Gestapo seelisch gemarterten Berater der Kaiserfamilie war sie als geistige Akrobatik in einsamer Zelle zum zeitweiligen Verhängnis für seinen Verstand geworden. Das Abwägen der beiden Kräfte hat Zweig mit so virtuoser Kenntnis menschlicher Psyche geschildert, dass schlechthin eine dichterische Identifizierung seiner Person mit der des Österreichers angenommen werden muss, der mit seiner sensiblen Menschlichkeit dem robust einseitigen Genie erliegt, weil das Schachspiel (bei Zweig ist es die politische Atmosphäre seiner Zeit) ihm zu einem empfindlichen automatenhaften Komplex seines Geistes geworden ist. „Ein kleiner Stoß und es (das Gefäß, das den Namen Stefan Zweig trug) musste zerspringen", schreibt seine erst Frau Friderike in ihren Erinnerungen, die die persönlichen Ergänzungen zu der unpersönlichen Autobiografie „Die Welt von Gestern“ darstellen. So mag der letzte Satz der Novelle, der dem stupiden Schachchampion in den Mund gelegt ist, für den Dichter selbst sprechen: „Der Angriff war gar nicht so übel disponiert. Für einen Dilettanten ist dieser Herr eigentlich ungewöhnlich begabt.“

Christian Schlüter in: Die Zeit, Nr. 19, 1950

Marcel Reich-Ranicki
„Man riecht immer das Parfüm“ (2008)

Zunächst: Ein ungewöhnlich anschauliches und nach wie vor sehr lesenswertes Buch ist Stefan Zweigs Autobiografie „Die Welt von Gestern“, die noch während des Krieges entstanden, aber erst nach Zweigs Tod erschienen ist.

Lesenswert ist auch Zweigs letztes, nicht von ihm selber abgeschlossenes Buch – die Monografie[1] über Balzac. Die Kenner der französischen Literatur nehmen es nicht ernst, was leider seine Gründe hat. Es hat den Fehler nicht weniger Bücher Stefan Zweigs: Es ist zwar sehr unterhaltsam, doch nicht ganz seriös.

Der Held der meisten Novellen Zweigs ist ein Mensch, dessen Psyche ganz normal zu sein scheint. Doch irgendein Ereignis – häufig ist es eine unerwartete Begegnung – macht einen bisher verborgenen Komplex dieses Menschen sichtbar, einen Komplex, dessen Entladung die seelische Deformation dieses Helden zum Vorschein kommen lässt.

In vielen Novellen Zweigs handelt es sich eindeutig um einen erotischen Komplex – so im „Amokläufer“, der Geschichte eines Arztes, der nach einer Unterschlagung nach Indochina flieht, wo er in den Bann einer hochmütigen Frau gerät. Diesen Arzt lässt Zweig sagen: „Rätselhafte psychologische Dinge haben über mich eine geradezu beunruhigende Macht, es reizt mich bis ins Blut, Zusammenhänge aufzuspüren, und sonderbare Menschen können mich durch ihre bloße Gegenwart zu einer Leidenschaft des Erkennenwollens entzünden […].“ Das sagt eine Figur, gewiss, aber es kann

---

[1] größere (wissenschaftliche) Einzeldarstellung; im Gegensatz zu Sammelwerken

keinen Zweifel geben, dass wir es mit einer Selbstcharakterisierung Zweigs zu tun haben. [...]

Neben den erotischen Motiven spielt in Zweigs Werk der Minderwertigkeitskomplex eine große Rolle – etwa in solchen Novellen wie „Leporella“ und „Untergang eines Herzens“. Besonderes Interesse Zweigs gilt einseitigen Menschen, oft von intensiver Begabung („Die unsichtbare Sammlung“, „Schachnovelle“). Immer bieten Zweigs Novellen vor allem ein Porträt der zentralen Figur. Die psychologische Analyse ist Ziel und Zweck jeder dieser Erzählungen. Viele sind freilich am Ende zumindest etwas enttäuschend. Nach der Lektüre sogar der glänzend geschriebenen „Schachnovelle“ drängt sich die einfache Frage auf: „Na und?“ Die unzweifelhaft spannende Novelle gibt keinen Anlass zu tieferen Überlegungen. Anders konnte es nicht sein, denn Zweig war ein Leben lang unter dem Einfluss einer riskanten Illusion: Die Porträts insgesamt ergeben, meinte er, ein Bild der Welt, eine treffende Abbreviatur[1]. Das ist ein Missverständnis, das den Novellen Zweigs zugrunde liegt. Denn es gibt keine Erlösung durch die Psychologie.

In vielen Arbeiten Zweigs ist seine glänzende Beherrschung des literarischen Handwerks unverkennbar. Über seine Sprache kann man viel Gutes sagen, doch lässt sich nicht verschweigen, dass sein Deutsch etwas redselig ist und gelegentlich beinahe geschwätzig. Allzu deutlich ist die Bemühung des Autors um eine möglichst gefällige Prosa.

In seinen frühen Erzählungen störe ihn, bemerkte einmal Stefan Zweig, der Duft des parfümierten Papiers. Mit der Zeit wurde dieser Duft diskreter und subtiler, er lässt an edelstes Parfüm denken, aber doch immer an Parfüm.

Aus: Marcel Reich-Ranicki: Man riecht immer das Parfüm. In: Frankfurter Allgemeine Zeitung vom 4. November 2008

---

1 Abkürzung, Kürzel

Johanna Rachinger: „Die Schachnovelle – von Stefan Zweig“ (2011)

Die beklemmende Novelle vom Schachspiel und den Folgen des NS-Regimes ist ein grandioses Kammerspiel und erschütterndes Zeugnis zugleich.

Die Novelle ist eine ausgestorbene, zumindest stark bedrohte Art innerhalb der Literatur [...]. Die seit Boccaccios „Decamerone“[1] beliebte Form scheint von Shortstory und Erzählung geschluckt worden zu sein. Aus Italien stammt auch die Bezeichnung „Novella“, das bedeutet so viel wie Kunde oder Nachricht – und meint ein besonderes Ereignis.

Stefan Zweig nutzte diese Gattung mit meisterlicher Hand, zeichnet in der „Schachnovelle“ das Treffen zweier Genies in unvergleichlicher Weise nach. Auf einem Passagierdampfer von New York nach Buenos Aires reist auch der Ich-Erzähler – ein namenloser Österreicher, der vor den Nazis ins südamerikanische Exil flüchtet. Mitpassagier ist auch der amtierende Schachweltmeister Mirko Czentovic, geschildert als arrogant und geldgierig. Vom reichen Ölingenieur McConnor um ein Schachspiel während der Schiffsreise gebeten, antwortet Czentovic, sein Minimum sei „zweihundertfünfzig Dollar pro Partie“. Aber McConnor kann es sich leisten. Natürlich verliert er die erste Runde, fordert eine Revanche und steht auch bei der zweiten Partie auf verlorenem Posten. Bis ein Zuschauer aus dem Publikum sich einmischt und das Spiel zum Remis führt. Er stellt sich als Dr. B. vor, lehnt es ab, allein gegen Czentovic zu spielen, und flüchtet an Deck. Eine Nachfrage beim Steward ergibt Dr. B.s Nationalität – er ist Österreicher. Als Landsmann wird der Ich-Erzähler losgeschickt, um B. doch noch umzustimmen, findet ihn an Deck und hört fasziniert zu, wie der geheimnisvolle Mann von seinem Schicksal berichtet.

Was nun folgt, ist eine der beeindruckendsten Beschreibungen von psychologischer Qual in der Literatur: B. war Anwalt in Wien, der das Vermögen von Klöstern und der kaiserlichen Familie mitver-

1 Giovanni Boccaccio (1313–1375): italienischer Dichter; Il Decamerone (1349–53): Novellensammlung Boccaccios

waltete. Nach Hitlers Machtübernahme wurde er von der Gestapo verhaftet und ins Hotel Métropole, der berüchtigten Nazi-Zentrale am Morzinplatz, gebracht. In einem Hotelzimmer wird er über Monate isoliert; er verzweifelt schier an Einsamkeit und dem Fehlen jeglicher Ablenkung. Unvergesslich Stefan Zweigs Beschreibung, wie B. ein Buch stiehlt und seine hymnische Freude über diesen Schatz in Entsetzen umschlägt, als er entdecken muss, dass er eine tabellarische Sammlung von berühmten Schachpartien in Händen hält. Als letzte Zuflucht vor dem Wahnsinn beginnt er, die Partien nachzuspielen, spielt bald gegen sich selbst, zerfällt dabei immer mehr in ein „Ich Weiß" und „Ich Schwarz", bis die fieberhafte Raserei zu einem Nervenzusammenbruch führt. Nur durch Glück und Zufall überlebt B., weiß aber um die Gefahren, die das Schachspiel für seine zermürbte Psyche birgt. Und lässt sich dennoch überreden, ein einziges Mal gegen den Weltmeister Czentovic anzutreten.

Die „Schachnovelle" ist grandioses Kammerspiel und erschütterndes Zeugnis zugleich.

Aus: Johanna Rachinger: Die Schachnovelle – von Stefan Zweig. In: Kurier vom 7. Dezember 2011

Beatrice von Matt: „Gerechtigkeit für Stefan Zweig" (2013)

Die Rezeption von Stefan Zweig hat unterschiedliche Phasen durchlaufen. Vor dem Zweiten Weltkrieg einer der großen Erfolgsschriftsteller deutscher Sprache, wurde er nach 1945 aus ästhetischen Gründen mit Missachtung gestraft. Jetzt bahnt sich eine Renaissance an.

Nach dem Zweiten Weltkrieg lag die Welt darnieder. Mit gestrigen Verhältnissen wollte man auch gar nichts mehr zu tun haben. Man suchte Zukunft, vor allem auch literarisch. Gerade die deutsche Dichtersprache sollte neu erfunden werden, gereinigt vom Nazischmutz. Man setzte auf Experiment. Wer weiterhin dem alten Stil vertraute, geriet unter Kitschverdacht. So geschah es auch dem so ungemein erfolgreichen Schriftsteller Stefan Zweig. Im Alter von 61 Jahren hatte er sich 1942 im brasilianischen Exil vergiftet, fürchtend, dass in einer neu aufzubauenden Welt für ihn kein Platz mehr sei.

Im 21. Jahrhundert sieht das wieder etwas anders aus. Sprachspiele, Verfremdungen und Dekonstruktionen wirken nicht mehr ganz so aufregend modern, zumindest nicht in der gedruckten Literatur. Traditionelles Erzählen wird nicht zum Vornherein in die Trivialecke abgeschoben. Ein habsburgisch geprägter Wiener wie Zweig, der seiner virtuosen Sprache bis ins letzte Komma vertraute, nimmt wieder für sich ein. Der Kosmopolit, ein Protagonist europäischer Kultur in der ersten Hälfte des 20. Jahrhunderts, verlockt zu neuer Lektüre. Überzeugend gelingt eine solche dem in London lehrenden Literaturwissenschaftler Rüdiger Görner[1]. [...]
Zu Recht legt der Verfasser einen wichtigen Akzent auf das Interesse seines Autors am schöpferischen Akt. Zweig ist diesem Prozess in vielen Varianten nachgegangen, hat dessen psychische und körperliche Voraussetzungen zeitlebens studiert. Man denke nur an die dämonische Selbstanalyse des Schachkünstlers Dr. B. in der „Schachnovelle". Die Morphologie[2] des schöpferischen Lebens hat Zweig in seinen zahlreichen biografischen und den selteneren autobiografischen Porträts erkundet. Diese Aufmerksamkeit auf die Kunstproduktion als solche, auf die Arbeit von Gehirn und Nerven, macht ihn zu einem unvermutet aktuellen Schriftsteller.

Aus: Beatrice von Matt: Gerechtigkeit für Stefan Zweig. Rüdiger Görner liest einen alten Bekannten neu. In: Neue Zürcher Zeitung, 10. August 2013

---

1 Rüdiger Görner: Stefan Zweig. Formen einer Sprachkunst. Sonderzahl-Verlag: Wien 2012
2 Wissenschaft, Lehre von der Form bzw. Struktur

6. Exkurs: Verfilmung und Filmanalyse

Gerd Oswalds Verfilmung aus dem Jahr 1960 trug wesentlich zur Bekanntheit von Stefan Zweigs „Schachnovelle" in der Bundesrepublik Deutschland bei. Der Film war mit Curd Jürgens als Dr. Werner von Basil (der filmischen Version von Dr. B.), Mario Adorf als Mirko Centowic und Hansjörg Felmy in der eigens für den Film entwickelten Rolle des Gestapo-Mannes Hans Berger prominent besetzt.
Es handelt sich um eine ausgesprochen freie Adaption, die erheblich von Zweigs Vorlage abweicht. Der Film verlagert den Erzählschwerpunkt auf die Binnenerzählung mit Dr. Basil als Hauptfigur. Die Figur des Erzählers entfällt in der Verfilmung. McConnor, der im Film Mac Iver heißt, und Czentovic (im Film: Centowic) verblassen zu eher unbedeutenden Nebenfiguren. Stattdessen wird der Gestapo-Mann Hans Berger in ausgiebig inszenierten Verhören zum eigentlichen Gegenspieler Dr. Basils aufgebaut. Ergänzt wird die Handlung um eine romantische Komponente: Berger und Dr. Basil versuchen beide, die Sängerin Irene Andreny für sich zu gewinnen.
Im Weiteren werden die Unterschiede zwischen Oswalds Verfilmung und Zweigs Vorlage exemplarisch dargestellt. Abschließend können Sie sich mit einigen zentralen Begriffen zur Filmanalyse vertraut machen.

Hansjörg Felmy und Curd Jürgens in Gerd Oswalds Verfilmung der „Schachnovelle"

Schachnovelle
BR Deutschland 1960
Produktion: Roxy Film
Regie: Gerd Oswald
Drehbuch: Harold Medford, Gerd Oswald
Kamera: Günther Senftleben
Musik: Hans-Martin Majewski
Schnitt: Klaus M. Eckstein
Darsteller: Curd Jürgens (Werner von Basil), Claire Bloom (Irene Andreny), Hansjörg Felmy (Hans Berger), Mario Adorf (Mirko Centowic), Albert Lieven (Hartmann), Alan Gifford (Mac Iver), Dietmar Schönherr (Rabbiner)
Länge: 103 Min.
FSK: ab 12
Schwarz-weiß

Gerd Oswalds Verfilmung im Vergleich zur Vorlage

Zu Beginn der „Schachnovelle" nähert Stefan Zweig den Erzählstandort ausgehend von einer Art Panoramaperspektive Schritt für Schritt dem Erzähler an. Damit greift er in seinem Buch eine an Filmanfängen häufige Montageform auf, bei der die Kamera nach einem ersten Establishing Shot den Helden der Geschichte allmählich in der Menge einfängt. [...]
Bereits mit der ersten Einstellung weicht der Regisseur Gerd Oswald markant von Zweigs Vorlage ab, indem er seinen Film nicht mit einer Panoramaeinstellung, sondern im Gegenteil mit einer Nahaufnahme auf ein Schachbrett eröffnet. Erst nachdem die Kamera in eine Totale herauszoomt, gerät im Hintergrund der Passagierdampfer ins Bild. Die Szenerie mit der Schachpartie und dem Straßencafé im Vordergrund kommt in der Novelle nicht vor. Dafür kürzt der Film die Beschreibung des bunten Treibens an Bord und beschränkt sich stattdessen darauf, in den nächsten beiden Einstellungen zwei Handlungsinformationen zu vermitteln. Die Schiffshupe signalisiert über die Tonebene, dass der Dampfer kurz davor ist, abzulegen. Und der Kamerablick auf die Passagierliste verrät das Reiseziel der „S. S. Adria": New York sowie das Datum

der Überfahrt: 14. August 1938. Eine Einstellung, die dadurch notwendig wird, dass Oswald auf einen Off-Erzähler verzichtet.
Anschließend inszeniert Oswald ein Gespräch zwischen einem Passagier und einem Steward, das bei Zweig nicht vorkommt, dem aber weitere Informationen zu entnehmen sind. So wird die schwierige Lage, in der sich Europa kurz vor dem Ausbruch des 2. Weltkrieges befindet, angedeutet. Außerdem erfährt man, dass das Schiff noch auf einen wichtigen Passagier wartet. Am Ende des Gesprächs schwenkt die Kamera auf zwei Kinder, die sich eine Orange teilen und Schilder mit ihrem Reiseziel umhängen haben. Offensichtlich müssen sie die weite Reise (ins Exil) allein antreten. Auch das eine Folge der historischen Weltlage. Diese beiden Flüchtlingskinder stehen in einem auffälligen Kontrast zu den „neugierig treppauf und treppab" (S. 7, Z. 9f.) laufenden Kindern bei Stefan Zweig. Während die von Zweig beschriebene Schiffsreise den Eindruck einer Vergnügungsfahrt vermittelt, erinnert das Schiff bei Oswald an ein Flüchtlingsschiff. Dies wird nach Czentovics Ankunft [...] im Gespräch Czentovics mit dem Steward dann auch explizit zur Sprache gebracht („beinahe [...] ein Flüchtlingsschiff"). Das von Czentovics Ankunft unterbrochene Gespräch zwischen dem Steward und dem schottischen Passagier Mac Iver (der filmischen Version McConnors) dient jedoch nicht nur dazu, den historischen Rahmen abzustecken und Czentovic als hochmütigen („ein besseres Schiff konntest du nicht finden?") Schachweltmeister vorzustellen, sondern kündigt auch bereits den Auftritt des Rechtsanwalts Dr. Basil an, wenn der Steward feststellt: „Czentovic ist nicht der Mann, auf den wir warten". [...]
Bereits der Beginn der Rahmenhandlung – also die Adaption des Novellenanfangs – führt eine historisch-politische Dimension ein, die in der Novelle zunächst noch kaum eine Rolle spielt. Aus dem Luxusdampfer wird ein Flüchtlingsschiff.
Vor allem aber, indem der Film die Binnenerzählung von Dr. B.s Gestapo-Haft ins Zentrum rückt, gewinnt der historische Kontext entscheidend an Bedeutung.
Verstärkt wird diese Perspektivverlagerung dadurch, dass Czentovic im Film zu einer Randfigur degradiert und stattdessen der Gestapo-Mann Hans Berger, der in Zweigs Novelle nicht vorkommt,

in den Rang von Dr. B.s Gegenspieler erhoben wird. Der Gestapo-Mann Berger schlüpft im Film in die Rolle des Czentovics der Novelle.

Die mehrdeutige symbolische Funktion Czentovics wird auf diese Weise eindeutig aufgelöst. Berger ist als Nazi ein politischer Feind Dr. B.s. Durch diese politische Konkretisierung verliert auch das Schachspiel an symbolischer – und entsprechend dramaturgischer – Bedeutung. Der „Falke“[1] der Novelle erfüllt im Film lediglich noch illustrative Zwecke. Das Duell findet nicht mehr am Schachbrett statt, sondern in der Gestapo-Haft, in der Berger versucht, Dr. Basils Willen und Widerstand zu brechen. Dieses geistige, ideologische Duell materialisiert sich im Film nicht mehr in Form eines Schachspiels, sondern als romantischer Konkurrenzkampf um dieselbe Frau. Irene Andreny ersetzt im Film das Schachbrett der Novelle. Die politischen sind zugleich auch persönliche Rivalen. Beides wird untrennbar miteinander verflochten. Wer Irene Andreny für sich gewinnt, hat auch den politischen Zweikampf gewonnen; und umgekehrt. Es ist letztlich der Gewissenskampf der Kollaborateurin Irene Andreny, der über den Ausgang des Machtkampfes der beiden Männer entscheidet.

Dadurch lässt sich Dr. Basil im Film am Ende auch – anders als in der Novelle – eindeutig als Sieger bestimmen. Der Ausgang der Schachpartie gegen den Film-Czentovic spielt hierfür gar keine Rolle. Der Sieg besteht darin, dass Irene Andreny zu Dr. Basil zurückkehrt. An der Niederlage Bergers und Dr. Basils Triumph lässt der Film dann auch keinen Zweifel, wenn Irene Andreny Dr. Basil darüber aufklärt, dass Berger von seinem Posten zurückbeordert wurde: „Er musste gehen, weil er versagt hat. Du bist Sieger. Du warst stärker, du hast sie geschlagen.“ [...]

Mit dem eindeutig formulierten, plakativen Schlussresümee reduziert die Verfilmung das deutungsoffenere Ende der Novelle auf eine bestimmte Lesart. Überhaupt verfolgt der Film eine Adaptionsstrategie, in der die Symbolik der Vorlage konkret aufgelöst

[1] hier: das Leitmotiv; in der Novellentheorie des deutschen Dichters Paul Heyse (1830–1914) symbolisiert der „Falke“ das Leitmotiv einer Novelle; vgl. „7. Novelle“

wird und die Unbestimmtheiten der Novelle klaren politisch-historischen Aussagen weichen. Dadurch büßt der Film an Deutungsspielraum ein und verflacht zu einem relativ leicht durchschaubaren historischen Drama, das den Verzicht auf eine bildhafte Erzählebene zudem nur unzureichend durch einen Zugewinn an Authentizität wettmacht. Überspitzt formuliert: die Adaption reduziert die künstlerische Gestaltung der „Schachnovelle" auf ihre Künstlichkeit.

Aus: Stefan Volk: Die Novelle und Gerd Oswalds Verfilmung im Vergleich. Der Film als Deutung der Novelle. In: Johannes Diekhans (Hrsg.): Stefan Zweig: Schachnovelle. Unterrichtsmodell. Erarbeitet von Stefan Volk. Reihe: EinFach Deutsch. Paderborn: Schöningh 2010, S. 99 ff.

Zentrale Begriffe der Filmanalyse

Abblende: Das Bild geht allmählich in eine monochrome (meist schwarze; in dem Fall spricht man auch von einer „Schwarzblende") Bildfläche über.

Aufblende: Das Bild erscheint allmählich aus einer monochromen (meist schwarzen) Bildfläche.

Einstellung: eine ohne Unterbrechung aufgenommene und wiedergegebene Kameraaufnahme, also das, was die Kamera im Moment der Aufnahme „sieht"

Einstellungsgröße: die relative Größe eines im Bild abgebildeten Objektes. Als Orientierungspunkt für die Bestimmung der Einstellungsgröße gilt meist der menschliche Körper. Folgende Einstellungsgrößen lassen sich unterscheiden:

Panorama bzw. Weit: z. B. eine Landschaft

Totale: z. B. ein Mensch oder eine Gruppe von Menschen (vollständig abgebildet) und deren weitere Umgebung; z. B. eine Gruppe vor einem Haus

Halbtotale: z. B. ein Mensch oder eine Gruppe von Menschen (vollständig abgebildet) und deren unmittelbare Umgebung; z. B. eine Familie am Frühstückstisch in der Küche

Halbnah: z. B. ein Mensch oder eine Gruppe von Menschen (unvollständig abgebildet; z. B. von Kopf bis zu den Knien) und ihre angedeutete Umgebung; z. B. eine Familie am Frühstückstisch

Amerikanisch: z. B. ein Mensch vom Kopf bis zur Hüfte
Nah: z. B. ein Mensch vom Kopf bis zum Oberkörper
Groß bzw. Close-up: z. B. ein Gesicht
Detail bzw. Makro: z. B. ein Augenpaar

Establishing Shot: eine Einstellung (Panorama oder Totale), die am Anfang des Films oder einer Szene in den Handlungsort einführt (z. B. Skyline von New York)

Kamerafahrt: die gesamte Kamera wird bei laufender Aufnahme mit einem mobilen Hilfsmittel („Dolly" (Rollwagen), Auto, ...) bewegt.

Montage: der nach konzeptionellen (z. B. dramaturgischen) Gesichtspunkten organisierte „Schnitt" sowie die Verknüpfung von Bild- und Tonebene (auch „Ton-Bild-Montage"; z. B. beim Unterlegen eines Soundtracks, Voice Over ...)

On-Ton: Ton, dessen Quelle im Bild zu sehen ist.

Off-Ton: Ton, dessen Quelle nicht im Bild zu sehen ist (z. B. entferntes Bellen eines Hundes)

Perspektive: definiert sich über den „Kameraannäherungswinkel" während der Aufnahme und damit über drei Paradigmen: die Horizontale, die Vertikale und die Kameraachse. Folgende Perspektiven lassen sich unterscheiden:
horizontal: von vorne; von hinten; seitlich
vertikal: von oben („Aufsicht"; extrem: „Vogelperspektive"); von unten („Untersicht"; extrem: „Froschperspektive"); gerade („Normalsicht")
Kameraachse: natürlich (gerade); schräg

Parallelmontage: Zwischen zwei Geschehnissen wird hin und her geschnitten.

Plansequenz: eine Sequenz, die aus nur einer einzigen Einstellung besteht

Schnitt:
a) allgemein: die technische Verknüpfung zweier Einstellungen z. B. durch „harten Schnitt" oder „Überblende"
b) „harter Schnitt": Einstellungen folgen ohne Übergang aufeinander (im Gegensatz zur „Überblende"; z. B. „Schnitt auf Groß von Tasse" = harter Schnitt auf eine Großeinstellung einer Tasse)

Schwenk: Kamerabewegung, bei der sich im Gegensatz zur „Fahrt“ der Kamerastandort nicht verändert, vielmehr wird die Kamera entlang der vertikalen oder horizontalen Achse oder der Kameraachse geschwenkt. Schwenk und Fahrt lassen sich kombinieren, wenn z. B. während einer Fahrt geschwenkt wird.

Sequenz: eine Folge von Einstellungen oder Szenen, die einen gemeinsamen inhaltlichen Zusammenhang bilden

Szene: eine Folge von Einstellungen, die eine gemeinsame räumliche und zeitliche Einheit bilden

Überblende: Während des Überblendens sind zwei Einstellungen gleichzeitig im Bild; die erste verschwindet immer mehr, wodurch die zweite Einstellung immer deutlicher zum Vorschein kommt, bis die erste Einstellung, „aus“ der „in“ die zweite „übergeblendet“ wurde, nicht mehr zu sehen ist.

Voice Over: Eine Stimme (meist Erzählerstimme) wird in der Ton-Bild-Montage über das Bild gelegt, ohne dass der Sprecher im Bild zu sehen ist.

Zoom: simulierte Kamerafahrt ohne Veränderung des Kamerastandortes durch Veränderung der Brennweite des Kameraobjektives; ein Zoom ermöglicht sowohl ein optisches Annähern an ein Objekt („heranzoomen“; z. B. „Zoom auf Groß von Tasse“ = Heranzoomen, bis die Tasse in Großeinstellung im Bild ist) als auch ein Entfernen („wegzoomen“).

Aus: Stefan Volk: Glossar ausgewählter Filmfachbegriffe. In: Johannes Diekhans (Hrsg.): Filmanalyse im Unterricht – Zur Theorie und Praxis von Literaturverfilmungen. Erarbeitet von Stefan Volk. Reihe: EinFach Deutsch. Paderborn: Schöningh, 2004, S. 346 ff.

7. Novelle

Neben Biografien und Essays zählte die Novelle zu den von Stefan Zweig favorisierten literarischen Gattungen. Der Begriff „Novelle“ leitet sich vom italienischen Wort „novella“ („Neuigkeit“) ab. Italien gilt im Allgemeinen auch als Ursprungsland der Gattung, die sich auf den italienischen Dichter Giovanni Boccaccio (1313-1375) und dessen Novellensammlung „Il Decamerone“ zurückführen lässt.
Zusätzlich zu den aus Gero von Wilperts Sachwörterbuch der Literatur entnommenen Ausführungen zur „Novelle“ und zu Paul Heyses Falkentheorie finden Sie in diesem Kapitel zwei kurze Bemerkungen Friedrich Schlegels und Johann Wolfgang von Goethes über die Novelle. Schlegel war einer der bedeutendsten Theoretiker der Gattung. Berühmt ist die von Goethe überlieferte Aussage, eine Novelle sei im Grunde nichts anderes als eine „unerhörte Begebenheit“.

Lexikoneinträge

Novelle (lateinisch *novella* [...] zu lateinisch *novus* = neu; dann italienisch = Neuigkeit, seit der Renaissance [ein] literarischer Begriff), kürzere Vers- oder meist Prosaerzählung einer neuen, unerhörten, doch im Gegensatz zum Märchen tatsächlichen oder möglichen Einzelbegebenheit mit einem einzigen Konflikt in gedrängter, geradlinig auf ein Ziel hinführender und in sich geschlossener Form und nahezu objektivem Berichtstil ohne Einmischung des Erzählers, epische Breite und Charakterausmalung des Romans, dagegen häufig in Gestalt der Rahmen- oder chronikalischen Erzählung, die dem Dichter eine eigene Stellungnahme oder die Spiegelung des Erzählten bei den Aufnehmenden ermöglicht und den streng tektonischen[1] Aufbau der Novelle, den sie mit dem Drama gemeinsam hat, betont. Die Verwandtschaft zum Drama (Storm: „Schwester des Dramas“) ist größer als die zum Roman [...]. Beide Formen verlangen [eine] geraffte Exposition, [eine] konzentriert herausgebildete Peripetie[2] und ein Abklingen, das die Zukunft der Figuren mehr ahnungsvoll andeuten als gestalten kann. [...]

---

1 Tektonik (hier): strenger, kunstvoller Aufbau einer Dichtung
2 Wendepunkt, Umschwung

Von den wesentlichen Theoretikern der Novelle zeigt Friedrich Schlegel[1] [...] den symbolischen Charakter [der Novelle] [...] auf; August Wilhelm Schlegel und besonders Tieck[2] betonen bei aller stofflicher Vielseitigkeit neben dem Symbolcharakter das Auftreten eines völlig unerwarteten, doch natürlich entwickelten und scharf herausgearbeiteten Wendepunktes in der psychologisch bruchlos gestalteten Charakterentwicklung; Goethe definiert die Novelle [...] als „eine sich ereignete unerhörte Begebenheit". Er betont [...] den Wert des Neuen, Ungewöhnlichen, Interessanten, „weil es ohne Zusammenhang Verwunderung erregt und unsere Einbildungskraft einen Augenblick in Bewegung setzt, unser Gemüt nur leicht berührt und unseren Verstand völlig in Ruhe lässt". Paul Heyse[3] entwickelt [...] die Falkentheorie [siehe unten] [...].

[In] den Epochen seit dem Naturalismus, besonders im Impressionismus und Expressionismus, [vollzieht sich] ein Umschwung von der gerundeten und sprachgewandt-glatten zur gelockerten, selbst abrupten und fragmentarischen, teils zerfließenden Handlung, die ihren Gehalt aus dem Seeleninneren schöpft und nur in der Handlungseinheit die Straffung erkennen lässt (Schnitzler, [...], Kafka). Andererseits bemühen sich [...] besonders Heinrich und Thomas Mann, Stefan Zweig [...] um eine neue Geschlossenheit der Form.

Falkentheorie

Strukturmodell der Novellentheorie von Paul Heyse. Er fordert (in [der] Einleitung zum *Deutschen Novellenschatz*, 1871 und [den] *Jugenderinnerungen*, 1900) nach dem Beispiel von Boccaccios[4] Falkennovelle (9. Geschichte des 5. Tages im *Dekameron*) von jeder guten Novelle einen „Falken", das heißt ein Leitmotiv, fast

---

1 Friedrich Schlegel (1772–1829): deutscher Dichter und Literaturwissenschaftler

2 August Wilhelm Schlegel (1767–1845): dt. Dichter, Bruder von Friedrich Schlegel; Ludwig Tieck (1773–1853): dt. Dichter

3 Paul Heyse (1830–1914): dt. Dichter und Literaturnobelpreisträger (1910)

4 Giovanni Boccaccio (1313–1375): italienischer Dichter, Verfasser der Novellensammlung „Il Decamerone"

Dingsymbol, das als verbindendes Aufbaumittel an wesentlicher Stelle immer wieder erscheint. [...] [Dies birgt die] Gefahr der veräußerlichten Technik, doch [fördert es eine] strenge Form, da „in einem einzigen Kreise nur ein einziger Konflikt“ erscheinen soll, der im Falken sein spezifisches Zeichen trägt.

Aus: Gero von Wilpert: Sachwörterbuch der Literatur. Stuttgart: Alfred Kröner Verlag 1989, S. 287 + S. 628 ff.

Friedrich Schlegel über die Novelle

Es ist die Novelle eine Anekdote, eine noch unbekannte Geschichte, so erzählt, wie man sie in Gesellschaft erzählen würde, eine Geschichte, die an und für sich schon einzeln interessieren können muss, ohne irgend auf den Zusammenhang der Nationen, oder der Zeiten, oder auch auf die Fortschritte der Menschheit und das Verhältnis zur Bildung derselben zu sehen. [...] Da sie interessieren soll, so muss sie in ihrer Form irgendetwas enthalten, was vielen merkwürdig oder lieb sein zu können verspricht. Die Kunst des Erzählens darf nur etwas höher steigen, so wird der Erzähler sie entweder dadurch zu zeigen suchen, dass er mit einem angenehmen Nichts, mit einer Anekdote, die, genau genommen, auch nicht einmal eine Anekdote wäre, täuschend zu unterhalten und das, was im Ganzen ein Nichts ist, dennoch durch die Fülle seiner Kunst so reichlich zu schmücken weiß, dass wir uns willig täuschen, ja wohl gar ernstlich dafür interessieren lassen.

Aus: Friedrich Schlegel: Nachricht von den poetischen Werken des Johannes Boccaccio. In: Friedrich Schlegel: Charakteristiken und Kritiken I (1796–1801), herausgegeben von Hans Eichner. Paderborn, München, Wien: Schöningh 1967, S. 394

Johann Wolfgang von Goethe über die Novelle

Begleitet von dem Manuskript der Novelle[1] [...] ging ich[2] gegen sieben Uhr zu Goethe. [...]

---

[1] Prosaerzählung Johann Wolfgang von Goethes (1749–1832) aus dem Jahr 1828

[2] Johann Peter Eckermann (1792–1854): deutscher Schriftsteller, Weggefährte Goethes

„Nun“, fuhr Goethe fort, „wie steht es mit der Novelle?“ – „Ich habe sie mitgebracht“, sagte ich. „Nachdem ich sie nochmals gelesen, finde ich, dass Eure Exzellenz die intendierte[1] Änderung nicht machen dürfen. Es tut gar gute Wirkung, wenn die Leute beim getöteten Tiger zuerst als durchaus fremde neue Wesen mit ihren abweichenden wunderlichen Kleidungen und Manieren hervortreten und sich als Besitzer der Tiere ankündigen. Brächten Sie sie aber schon früher, in der Exposition, so würde diese Wirkung gänzlich geschwächt, ja vernichtet werden.“

„Sie haben recht“, sagte Goethe, „ich muss es lassen, wie es ist. Ohne Frage, Sie haben ganz recht. Es muss auch beim ersten Entwurf in mir gelegen haben, die Leute nicht früher zu bringen, eben weil ich sie ausgelassen. Diese intendierte Änderung war eine Forderung des Verstandes, und ich wäre dadurch bald zu einem Fehler verleitet worden. Es ist aber dieses ein merkwürdiger ästhetischer Fall, dass man von einer Regel abweichen muss, um keinen Fehler zu begehen.“

Es kam sodann zur Sprache, welchen Titel man der Novelle geben solle; wir taten manche Vorschläge, einige waren gut für den Anfang, andere für das Ende, doch fand sich keiner, der für das Ganze passend und also der rechte gewesen wäre. „Wissen Sie was“, sagte Goethe, „wir wollen es die ‚Novelle' nennen; denn was ist eine Novelle anders als eine sich ereignete, unerhörte Begebenheit. Dies ist der eigentliche Begriff, und so vieles, was in Deutschland unter dem Titel Novelle geht, ist gar keine Novelle, sondern bloß Erzählung oder was Sie sonst wollen. In jenem ursprünglichen Sinne einer unerhörten Begebenheit kommt auch die Novelle in den ‚Wahlverwandtschaften‘[2] vor.“

Aus: Johann Peter Eckermann: Gespräche mit Goethe in den letzten Jahren seines Lebens (1823–1832). Band 1. Leipzig: F. A. Brockhaus, 1837, S. 315 ff.

[1] beabsichtigte
[2] Roman Johann Wolfgang von Goethes aus dem Jahr 1809

8. Historischer Hintergrund

Mithilfe der folgenden Zeittafel lassen sich die in der „Schachnovelle" geschilderten Geschehnisse historisch einordnen. In einem kurzen Abriss werden zudem die Ereignisse des „Anschlusses" prägnant zusammengefasst. Zwei weitere Texte widmen sich dem zentralen Schauplatz der Binnenhandlung der „Schachnovelle", der Gestapoleitstelle im Wiener Hotel Metropole. Zudem erinnert ein Zeitzeuge in einem persönlichen Erfahrungsbericht daran, wie er im Hotel Metropole von der Gestapo verhört wurde. Exemplarisch werden auch die Haftbedingungen des ehemaligen österreichischen Bundeskanzlers Kurt Schuschnigg kurz beschrieben. Ergänzt werden diese Texte über die Auswirkungen des nationalsozialistischen Terrors in Österreich um einen Artikel, der sich mit der Exilliteratur und den Erfahrungen der emigrierten Autoren während des 2. Weltkrieges und in der Zeit danach beschäftigt.

Historische Zeittafel

1933 **Januar:** Machtübernahme Hitlers in Deutschland

März: Das österreichiche Parlament wird infolge einer Geschäftsordnungskrise ausgeschaltet. Der christsoziale Bundeskanzler Engelbert Dollfuß regiert fortan auf der Grundlage eines Ermächtigungsgesetzes aus dem Jahr 1917 quasi diktatorisch.

10. Mai: von den Nationalsozialisten inszenierte Bücherverbrennungen (*darunter auch Werke Stefan Zweigs*) in deutschen Universitätsstädten

19. Juni: Betätigungsverbot der NSDAP in Österreich

1934 **Februar:** In Österreich wird ein Aufstand der Sozialisten gegen die diktatorische Regierung des Bundeskanzlers Engelbert Dollfuß blutig niedergeschlagen.

Die Polizei (Heimwehr) durchsucht Stefan Zweigs Villa in Salzburg nach Waffen. Zweig siedelt nach London über.

25. Juli: Dollfuß wird bei einem Putschversuch der Nationalsozialisten ermordet.

29. Juli: Kurt von Schuschnigg wird zum österreichischen Bundeskanzler ernannt.

1938 **9. März:** Schuschnigg gibt bekannt, dass am Sonntag, den 13. März, eine Volksabstimmung über die Unabhängigkeit Österreichs durchgeführt werden soll.
11. März: Hitler erzwingt Schuschniggs Rücktritt mit der Drohung einer sofortigen Okkupation Österreichs.
Nach Schuschniggs Rücktritt kommt es in Wien bis in den Mai hinein immer wieder zu antijüdischen Pogromen, Übergriffen und ungenehmigten, „wilden" Enteignungen.
12./13. März: Einmarsch deutscher Truppen in Österreich und „Anschluss" Österreichs an das Deutsche Reich
9./10. November: „Reichskristallnacht": von den Nationalsozialisten organisierte antijüdische Pogrome im gesamten Deutschen Reich

1939 **1. September:** deutscher Angriff auf Polen
3. September: Großbritannien und Frankreich erklären Deutschland den Krieg.

1940 Luftkrieg um England
u. 41 *Aufenthalte Zweigs und seiner zweiten Frau Lotte in Brasilien und den USA*

1941 *Das Ehepaar Zweig lässt sich in den USA (Ossining im Bundesstaat New York) nieder.*
August: Mit der amerikanisch-britischen „Atlantik-Charta" rücken die USA von ihrer bis dahin offiziell neutralen Position ab.
Die Zweigs siedeln nach Brasilien (Petropolis) über.
Stefan Zweig schreibt an der „Schachnovelle".
7. Dezember: japanischer Überfall auf Pearl Harbor
8. Dezember: Die USA erklären Japan den Krieg.
11. Dezember: Deutschland und Italien erklären den USA den Krieg.

1942 **Januar:** *Stefan Zweig beendet seine Arbeit an der „Schachnovelle".*
15. Februar: Einnahme des britischen Stützpunktes in Singapur durch japanische Truppen (*Stefan Zweig liest davon wäh-*

rend eines Karnevalaufenthalts in Rio de Janeiro in der Zeitung und kehrt nach Petropolis zurück)
18. Februar: *Stefan Zweig verfasst seinen ersten Abschiedsbrief.*
23. Februar: *Freitod von Stefan und Lotte Zweig*

Der „Anschluss"

Nachdem Bundeskanzler Kurt Schuschnigg am Abend des 11. März 1938 in einer Radiorede seinen Rücktritt bekannt gegeben hatte, jubelten Tausende ÖsterreicherInnen über die bevorstehende nationalsozialistische Machtübernahme. Gleichzeitig begannen Mitglieder, Sympathisanten und Mitläufer der bis dahin illegalen NSDAP, bekannte Gegner des NS-Regimes und Juden zu verhaften bzw. zu demütigen.
Bereits in den frühen Morgenstunden des 12. März landete der Reichsführer SS und Chef der Deutschen Polizei Heinrich Himmler[1] am Flugfeld Aspern[2]. In seinem Gefolge befanden sich hochrangige deutsche Polizei- und Sicherheitskräfte, u.a. Angehörige der Gestapo-Leitstelle München. Diese sollten unverzüglich mit dem Aufbau des NS-Polizeiapparats, vor allem mit dem der Geheimen Staatspolizei, beginnen. Sie wurden von zahlreichen österreichischen Polizeiangehörigen, die sich nun offen als NS-Sympathisanten bzw. illegale Nazis zu erkennen gaben, begrüßt.
In den ersten Wochen nach dem „Anschluss" wurden im Polizeigefangenenhaus auf der Roßauer Lände prominente Häftlinge – Politiker sämtlicher früheren politischen Lager sowie jüdische Wirtschaftstreibende – einflussreichen deutschen Nationalsozialisten „vorgeführt".
Die Häftlinge wurden beschimpft und bedroht.

Aus: Dokumentationsarchiv des österreichischen Widerstandes, URL: http://www.doew.at/erkennen/ausstellung/gedenkstaette-salztorgasse/der-anschluss (Abruf: 1.6.2016)

---

[1] Heinrich Himmler (1900–1945): als „Reichsführer SS" oberster Kommandant der SS, zugleich Chef der Deutschen Polizei, ab 1943 Reichsinnenminister; einer der mächtigsten Nationalsozialisten und Hauptverantwortlichen für den Holocaust

[2] Flughafen am östlichen Wiener Stadtrand

Die Etablierung der Gestapo-Leitstelle Wien

Nach der Zerschlagung der österreichischen Polizeibehörden setzte Heinrich Himmler zwei Sonderstäbe zur Koordinierung des Aufbaus der Ordnungs- (= Schutzpolizei, Gendarmerie) und Sicherheitspolizei (= Gestapo, Kriminalpolizei) ein. In einem Erlass vom 15. März 1938 legte der Chef der Sicherheitspolizei und des SD Reinhard Heydrich[1] die Aufgaben- und Kompetenzverteilung der österreichischen Gestapo-Leitstellen fest. Leiter der Gestapo Wien wurde der Münchner Gestapo-Mann Franz Josef Huber.

Gleichzeitig erfolgten massenhafte Verhaftungen österreichischer Juden und bekannter Gegner des NS-Regimes; diese wurden nicht nur von Gestapo-Beamten, sondern auch von Angehörigen der SS und SA sowie Mitgliedern und Mitläufern der NSDAP festgenommen.

Am 1. April 1938 nahm die Gestapo-Leitstelle Wien den Dienstbetrieb im Hotel „Metropole“ (Morzinplatz 5 bzw. Salztorgasse 6) auf. Am gleichen Tag erfolgte der erste Transport österreichischer Häftlinge in das Konzentrationslager Dachau.

Die österreichischen Nationalsozialisten, vor allem jene im Justiz- und Sicherheitsapparat, hatten schon vor dem „Anschluss“ Listen mit Gegnern des NS-Regimes erstellt. Der Häftlingstransport am 1. April 1938 setzte sich vor allem aus Funktionären des Regimes 1933–1938[2] sowie prominenten Sozialdemokraten und Juden zusammen.

Aus: Dokumentationsarchiv des österreichischen Widerstandes, URL: http://www.doew.at/erkennen/ausstellung/gedenkstaette-salztorgasse/die-etablierung-der-gestapo-leitstelle-wien (Abruf: 1.6.2016)

---

[1] Reinhard Heydrich (1904–1942): Leiter des Reichssicherheitshauptamtes, das die Sicherheitspolizei, zu der Gestapo und Kriminalpolizei zählten, und den Sicherheitsdienst (SD), den Geheimdienst der NSDAP, umfasste; ab 1941 mit der „Endlösung der Judenfrage“ beauftragt und daher einer der Hauptverantwortlichen für den Holocaust

[2] der Dollfuß- und Schuschnigg-Regierungen

Das ehemalige Hotel Métropole am Wiener Morzinplatz

Die Gestapo-Leitstelle Wien

Mit über 900 MitarbeiterInnen war die Gestapo-Leitstelle Wien größer als die Leitstelle Berlin. Die wichtigsten Schlüsselstellen der Gestapo wurden 1938 mit Beamten aus dem „Altreich" besetzt. 80 Prozent der Beamten und Angestellten wurden aus dem österreichischen Polizeidienst rekrutiert. Auf Führungsebene betrug der Anteil der Österreicher fast 70 Prozent; gegen Kriegsende stieg er auf über 80 Prozent.

Polizeiliches Fachwissen sowie die Bereitschaft, sich mit dem NS-Regime zu identifizieren, waren ausschlaggebend für die Weiterverwendung ehemals österreichischer Polizeibeamter bei der Gestapo.

Die Gestapo-Leitstelle hatte einen täglichen „Parteienverkehr" von 450 bis 500 Personen: manche versuchten, Auskunft über das Schicksal verhafteter Angehöriger zu erhalten, die meisten wurden zwecks Zeugeneinvernahme bzw. Verwarnung vorgeladen. Insgesamt wurden von der Leitstelle Wien 40000 bis 50000 Menschen karteimäßig erfasst.

Die Abteilung II, ab 1943 Abteilung IV, gegliedert in verschiedene Referate, bekämpfte sämtliche „staats- und parteifeindlichen Bestrebungen" und verfolgte SozialistInnen, KommunistInnen, Christlichsoziale, MonarchistInnen, Juden und Jüdinnen, ZeugInnen Jehovas, Homosexuelle, ausländische ZwangsarbeiterInnen sowie Menschen, denen Verstöße gegen die Normen des NS-Regimes vorgeworfen wurden.

Aus: Dokumentationsarchiv des österreichischen Widerstandes, URL: http://www.doew.at/erkennen/ausstellung/gedenkstaette-salztorgasse/die-gestapo-leitstelle-wien (Abruf: 1.6.2016)

Alfred Kostelecky: Zur Methode des Verhörs

Alfred Kostelecky, geb. 1920 in Wien, Mitglied der Marianischen Studentenkongregation[1] und der Katholischen Jugend, Kontakte zur Widerstandsgruppe „Eisen"[2], 31.7.1938 Gestapoverhör, 7. 10. 1938 Beteiligung an der Jugendfeierstunde am Stephansplatz[3], Studium der Katholischen Theologie, Oktober 1940 Einrücken zur Deutschen Wehrmacht, mehrere schwere Verwundungen, amerikanische Kriegsgefangenschaft.
November 1945 Rückkehr nach Wien, 1948 Priesterweihe, 1986 Ernennung zum Militärordinarius[4] und Weihe zum Bischof, 1990 Titularbischof[5] von Wiener Neustadt. Mitglied des DÖW-Kuratoriums[6].
Verstorben 1994.

---

[1] Marianische Kongregation: 1563 vom Jesuitenpater Jean Leunis gegründete kirchliche Vereinigung; seit 1584 von der katholischen Kirche anerkannt

[2] katholische Widerstandsgruppe in Wien

[3] Bei der „Rosenkranz-Demonstration" versammelten sich am 7. Oktober 1938 Tausende junge Katholiken vor dem Wiener Stephansdom zu einer gemeinsamen Rosenkranzfeier. Bei seiner Predigt im Dom soll der Erzbischof von Wien, Kardinal Innitzer, gesagt haben: „Einer ist euer Führer, euer Führer ist Christus." Am darauffolgenden Abend verwüsteten Angehörige der Hitlerjugend das Erzbischöfliche Palais.

[4] steht dem für die Militärseelsorge zuständigen Militärordinariat bzw. der Militärdiözese vor

[5] Bischof ohne eigenes Bistum bzw. Diözese; Diözese: kirchlicher Verwaltungsbezirk eines Bischofs

[6] DÖW: Dokumentationsarchiv des Österreichischen Widerstandes; von der Republik Österreich und der Stadt Wien gemeinsam getragene Stiftung; Kuratorium: Stiftungsrat

Ich war nicht in politischen Organisationen, sondern in der Katholischen Jugend. [...] Nun, was haben wir getan? Eine Jugend, die empfindet wie ich, die katholisch ist und jetzt unter Beweis stellen will, dass sie daran festhält, hat Dinge gemacht, die offiziell verboten waren. Die erste Versammlung, die wir hatten nach dem „Anschluss", dem sogenannten „Anschluss", der Okkupation Österreichs, zeigte, dass von den 180 Mitgliedern nur noch 70 den Mut hatten, überhaupt zu unseren Versammlungen zu kommen. Aber diese 70 – so waren wir uns einig –, die müssen umso intensiver [arbeiten]. [...] Da haben wir ein Verständigungssystem aufgebaut, dass einer dem anderen durchsagt, und am Nachmittag wurde dann durchgegeben: „Morgen in der Früh um 6.30 ist heilige Messe mit Kommunion in der Canisiuskirche[1]." Da waren also von allen Schulen Wiens welche dabei, und das hat funktioniert. [...] Das hat aber mit der Zeit dazu geführt, dass die Gestapo auf uns aufmerksam wurde.

In unserer Studentenkongregation war dann eine Spezialtruppe, die auch Flugzettel [verbreitet hat], also hektografiert[2]. Das war ja bescheiden, aber manchmal konnte man auf Umstände, die passiert sind, aufmerksam machen, auch solche Leute, die nicht ahnten, was die neuen Machthaber treiben. Da war der Alfred Ellinger der Hauptangeklagte des „Hochverrates", und wir waren mitangeklagt. Ich bin in der Causa[3] dann auch am 31. Juli [1938] bei der Gestapo gewesen und hab das also erlebt, einen Tag lang, von früh bis um halb 5 Uhr abends. [...]

Nun zur Methode des Verhörs. [...]

Also es wurde einem zuerst einmal alles abgenommen. Papiere, man musste den Schein dort [Gestapo-Leitstelle Wien im ehemaligen Hotel „Metropole"] abgeben, Ausweispapiere, man hat das Taschenmesser verlangt, man hat uns richtig ausgesackelt, und dann konnte man hinaufgehen in den 3. Stock. Sofort ist einer herausgekommen und hat einen angefahren: „Na also, junger Herr Präfekt[4], wird ja in-

---

[1] römisch-katholische Pfarrkirche in Wien

[2] Hektografie: einfaches Druckverfahren, bei dem ohne Verwendung einer Druckerpresse Schriftstücke mithilfe einer abfärbenden Vorlage vervielfältigt werden

[3] hier: (rechtliche) Angelegenheit

[4] leitender katholischer Geistlicher

teressant werden, was Sie wissen." Und dann ist er wieder verschwunden und hat warten lassen, stehend warten lassen. Kein Mittagessen, nichts, die Herren haben sich abgelöst im Verhör, und die ganze Zeit musste man frei stehen. Der Raum, als ich dann hineingerufen wurde, das ist mir alles so, wie wenn es gestern gewesen wäre, in meinem Kopf, da ist ein Kasten hinten bei der Tür gestanden, der war einen Spalt geöffnet. Und da sah man, da waren hineingestopft rot-weiß-rote Bänder[1], gelb-schwarze Bänder[2], eine Dollfuß-Büste, was halt bei Hausdurchsuchungen beschlagnahmt worden ist. Und dann ist es angegangen, das Verhör. Ich war präpariert vom Pater Berthold Hausmann, das ist ein deutscher Jesuitenpater, der sich zufällig in Wien aufgehalten hat zu dieser Zeit, der mit der Gestapo reiche Erfahrung gehabt hat und der die Verhörmethoden genau kannte. [...] Und dann hat er mir einige Tipps gegeben. „Am Schluss machen sie ein Protokoll, dann musst du deinen Namen in die letzte Zeile hineinschreiben. Die sagen immer: ‚Unterschreiben Sie!', und zeigen weiter unten, und dann schreiben sie allerhand dazu. Und wenn sie mit dir schreien, musst du auch schreien." Das war natürlich leicht gesagt. Ich war an sich – als 18-jähriger Bua – gut erzogen. Ich hätte mir nie erlaubt, mit einem Erwachsenen zu schreien. [...] Das Verhör begann zunächst in sachlicher Art. Allerdings mit dem Ton der Ironie. „Also, junger Herr Präfekt, was wissen Sie von der illegalen Sache?" Und dann immer wieder dazwischen: „Na, tuan S' doch net a so, wir wissen do eh alles, der Ellinger hat doch alles gestanden." [...] Und dann war das also ein Herumfragen, der und der, lauter Leute, die mit dem Studium nicht fertig geworden sind, die man also jahrelang nicht mehr gesehen hatte, auf jeden Fall wusste ich nicht einmal, was die am 11. oder 13. März gemacht haben, wir haben keinen Kontakt mehr gehabt. Die haben alle angeführt, und mich über alle befragt, und da musste ich sagen: „Bitte, die gehören der Kongregation nicht mehr an, die haben ihr einmal angehört." Dann war ein gewisser Höhepunkt, dass plötzlich aus der Tür heraus ... Ich habe das nicht mitgekriegt, dass das eine Tapetentür war,

---

1 in den Farben der österreichischen Nationalflagge

2 Flagge für den österreichischen Teil der österreichisch-ungarischen Monarchie

ich habe das auch nie gesehen, eine Tapetentür, dass man das in den Hotels damals hatte. Plötzlich öffnet sich sozusagen die Wand, heraus stürzt jemand im weißen Hemd mit aufgestreckten Ärmeln. [Hubert] Jurasek hat mir dann nachher gesagt, das war der Herr Kriminalrat [Johann] Sanitzer. [...] In seinem abgehackten Reichsdeutsch, in Augennähe, ich bin als zivilisierter Mensch nicht gewohnt gewesen, dass einer da auf Augenhöhe mich anbrüllt und mich fertigmacht. „Sie haben hier die Wahrheit zu sagen, und wenn Sie die Wahrheit nicht sagen wollen, dann werden Sie sich das sechs Wochen auf der Elisabethpromenade [Polizeigefängnis Roßauer Lände] überlegen." Meistens sind die Verhöre, wie ich nachher von meinen Freunden [erfahren habe], in dem Augenblick – da war aber schon stundenlanges Verhör – so weit gewesen, dass dann irgendein kurzer Wortwechsel war und eine verlegene Antwort oder eine verschreckte Antwort, und dann hat's geheißen: „Ab in die Elisabethpromenade!" Und nach sechs Wochen, ohne dass sie die Leute dort noch einmal verhört haben, einfach Überstellung ins Landesgericht. [...] Darauf habe ich zum Schreien angefangen und habe gesagt: „Ich bin mir voll und klar bewusst, dass ich hier die Wahrheit zu sagen habe, aber was wollen Sie eigentlich von mir. Ich kann nicht mehr sagen, als was ich weiß." Und kaum habe ich das gesagt, haben mir die Knie gezittert und habe ich mir gedacht, um Gottes willen, was kommt jetzt? Und der lässt von mir ab [...] und beginnt mit mir eine Diskussion über die „unbefleckte Empfängnis". [...] Sie sind fortwährend herumgekreist und haben immer darauf gepasst, um die Kernfrage zu stellen, wo sie einen treffen. Dann kam also die Kernfrage, wieder wiederholt: „Schauen Sie, tun Sie nicht so, es ist sinnlos, wir wissen alles. Damals hat Ihnen doch der Ellinger den Antrag gemacht zur Mitarbeit in der illegalen Gruppe." Das war diese Spezialgruppe, die die Flugblätter gemacht hat. Und in meinem Kopf ist sofort die Szene gewesen, wie der Ellinger mir den Antrag gemacht hat, und zwar war das Gymnasiumstraße/Ecke Michaelerstraße, da war ein Postamt, und wir sind bei dem Postkasten gestanden. Und ich hätte nicht mehr leugnen können. Er hat den Antrag gemacht, d. h., ich wusste von der Gruppe und habe auch Sachen nach Hause gebracht gehabt. Meine Eltern haben das gelesen und gesagt: „Bittschön, wir haben das gelesen, wir

sind deiner Meinung. Aber gib das her, wir verbrennen das. Das könnte ja bei uns einmal gefunden werden." Die haben auch vorausgedacht. Also gut, jetzt ist diese Frage gestellt, und in dem Augenblick habe ich einen Schritt zur Seite gemacht und habe mich mit der Hand an der Wand gestützt. Das sind so Dinge, die unbewusst passieren. In dem Moment fangt er zum Brüllen und zum Toben an: „Sie haben hier keine Müdigkeit vorzuschützen! Sie haben gerade zu stehen! In der Mitte des Raumes!", und hat sich da alteriert[1] und ausgeschleimt. Da war zunächst eine Pause im Verhör eingetreten, weil er hat mich ja sozusagen schon im Netz gehabt. Und dann sagt er ganz schalmeienhaft[2]: „Na also, Sie erinnern sich doch, dass er Ihnen den Antrag gemacht hat zur Mitarbeit in der illegalen Gruppe." Und fügt hinzu: „Damals im Währingerpark." Und das war meine Rettung. Ich konnte spontan sagen, ich hätte nicht lügen können wahrscheinlich, ich hätte es nicht zusammengebracht: „Ich war nie in meinem Leben im Währingerpark[3]." Da war er also frappiert: „Wieso können Sie das sagen?" – „Erstens, weil das nicht auf meinem Heimweg lag [...] und zweitens haben mir das meine Eltern verboten." – „Wieso haben Ihnen das Ihre Eltern verboten?" – „Meine Eltern haben mir das verboten, weil sie gesagt haben, dort sind lauter Platten [Jugendbanden]." [...] Nun hat er begonnen, Protokoll, Satz für Satz: „Seit meinem 13. Lebensjahr gehöre ich der Marianischen Studentenkongregation an", als ob das ein Verbrechen wäre. „Dieser gehören auch an: ...", und dann wurden Namen aufgezählt von solchen, die ihr angehört haben, und von Leuten, die ich überhaupt nicht gekannt habe. Ich habe mich immer gewehrt: „Nein, den kenne ich nicht" [...]
Und dann habe ich in die letzte Zeile hinein unterschrieben. Dann war es noch nicht aus, denn auch das gehört zur Methode des Verhörs, der Ortswechsel. „Kommen Sie mit!" Er voraus, hinten auch einer, ich wusste nicht, wohin. Zwei Türen weiter, die sind dort hineingegangen, das war genau so ein Raum, und dann hat er wie-

---

1 sich aufgeregt, erregt, geärgert
2 in der Art einer Schalmei: einschmeichelnd und zugleich eindringlich, scharf
3 Parkanlage im Wiener Gemeindebezirk Währing

der mit einer Hand Maschine getippt. Es war Stille, ich wusste nicht, was er tippt. Und dann: „Kommen Sie her, unterschreiben Sie da!“ Und da ist gestanden: „Nach eingehender Belehrung nehme ich zur Kenntnis, dass ich jedes hochverräterische Treiben der Geheimen Staatspolizei sofort zur Kenntnis zu bringen habe. Im Übrigen verpflichte ich mich zu einer loyalen Stellungnahme zum nationalsozialistischen Staat.“ Nun, das Erste habe ich ja nicht bestreiten können, das ist Gesetz gewesen an sich. Aber: „Im Übrigen verpflichte ich mich zu einer loyalen Stellungnahme zum nationalsozialistischen Staat.“ [...] Vielleicht war ich übervorsichtig, aber auf der anderen Seite kann ich sagen, ich habe mich nie zu einer loyalen Stellung, nicht einmal zu einer loyalen Stellungnahme zum nationalsozialistischen Staat – auch denen gegenüber nicht – verpflichtet. Da habe ich gesagt: „Das unterschreibe ich nicht.“ Ach, das hätten Sie müssen sehen! Der ist aufgesprungen, wie ein Löwe ist er auf- und niedergerannt in dem Zimmer, und immer so knapp an mir vorbei, dass ich ausweichen musste, und hat gebrüllt und mich beschimpft. [...] Dann hat er das zerrissen, ganz demonstrativ in den Papierkorb gehaut. Also ich musste den Eindruck haben, jetzt geht es ab in die Elisabethpromenade. Zu meiner Überraschung ist er wieder hingegangen, hat er wieder getippt. Hat dasselbe getippt ohne den Satz. „Da kommen Sie her, unterschreiben S'!“ Da war es halb fünf, da habe ich unterschrieben mit zittrigen Händen. [...]

Dann hat er unterschrieben, Entlassung durch den Besuchnehmer und die Zeit, und hat mir den [Zettel] gegeben. Ich bin die drei Stock hinuntergestürzt. [...] Unten habe ich das abgegeben, die haben mir meine Sachen zurückgegeben, auch mein Taschenmesser, und ich bin vom Hotel „Metropole“ nur noch gelaufen, bis zur Station Schwedenplatz, habe mich nicht umgedreht. Wie ich ums Eck war, habe ich versucht, noch einmal so zurückzuschauen, und habe gesehen, es ist niemand hinter mir, und zu meiner großen Überraschung steht vor mir der Pater [Maximilian] Groß. Der hat den ganzen Nachmittag dort gewartet, ob ich komme.

Aus: Dokumentationsarchiv des österreichischen Widerstandes, URL: http://www.doew.at/erinnern/biographien/erzaehlte-geschichte/haft-1938-1945/alfred-kostelecky-zur-methode-des-verhoers#metropole (Abruf: 1.6.2016)

Die Haftbedingungen Kurt Schuschniggs

Kurt Schuschnigg

Noch am Tag des Einmarsches wurde Schuschnigg verhaftet und später ins Gestapo-Hauptquartier am Wiener Morzinplatz gebracht. Als er im Herbst 1938 nach München verlegt wurde, wog der 1,83 Meter große Schuschnigg knapp mehr als 40 Kilo. Im Münchener Gestapo-Haus bekam er hingegen eine Art Wohnung zugewiesen, in der er auch seine zweite Frau Vera, eine geborene Gräfin Czernin von Chudenitz, empfangen durfte (seine erste Frau war 1935 bei einem Autounfall ums Leben gekommen). Vera Schuschnigg wurde sogar während der Haft ihres Mannes schwanger und brachte 1940 eine Tochter zur Welt. Ein Jahr später wurde die kleine Familie in eine Promi-Enklave im KZ Sachsenhausen bei Berlin übersiedelt. Den Schuschniggs stand ein kleines Einfamilienhaus mit eigenem Gemüsegarten, Zeitungszustellung und Radio in einem abgetrennten Teil des Geländes zur Verfügung. Vera Schuschnigg durfte das Lager zum Erledigen von Einkäufen jederzeit verlassen. Sohn Kurt aus Schuschniggs erster Ehe besuchte ein Internat und diente dann bei der Marine. Hatte er Urlaub, nächtigte er beim Vater im KZ.

Aus: Herbert Lackner: Der Kanzler gegen Hitler. Das Scheitern des Kurt Schuschnigg. In: Profil, 23. Februar 2008

Wolf Scheller: Exilliteratur – Verbrannt, verbannt, vergessen

Vor 80 Jahren übergaben die Nazis missliebige Bücher dem Feuer. Viele der Autoren mussten emigrieren. Nach 1945 waren sie nicht immer willkommen.

In seinem Gedicht „Monologe auf einer fremden Bühne" schrieb Max Herrmann-Neiße[1]: „Das Gastland kann die Heimat nie ersetzen,/hat mich sein Frieden freundlich auch bedacht./Gefangen fühl' ich mich in fremden Netzen/und um das Lebenselement gebracht."

Der dem Expressionismus nahestehende Autor hat das Exil, in das ihn die Nazis gezwungen hatten, nicht überlebt. Max Herrmann-Neiße, der wie so viele andere unter der Entfremdung, Isolation und Desorientierung des Exils litt, starb mit nur 55 Jahren 1941 in London. Stefan Zweig, den es ebenfalls zunächst nach Großbritannien verschlagen hatte, traf ihn im Londoner Hyde Park auf einer Parkbank sitzend, irgendwie verloren und fernab vom Alltagsgeschehen.

„Immer, wenn ich ihn so sah, den kleinen verhutzelten Mann in seiner großen Einsamkeit, hatte ich ein Gefühl der Ehrfurcht und sogar des Stolzes, dass da einer war unter uns allen, der rein blieb und unbekümmert dem dichterischen Dienst hingegeben inmitten einer katastrophischen Welt." Auch Zweig ertrug das Exil nicht. 1942 starb er in Brasilien durch eigene Hand.

Feindseligkeit

Andere Exilschriftsteller, deren Werke am 10. Mai 1933 öffentlich verbrannt worden waren, überlebten und kehrten nach Kriegsende 1945 in das zerstörte Deutschland zurück. Sie wurden dort keineswegs mit offenen Armen empfangen. Die während der Hitlerjahre im Reich gebliebenen Kollegen beriefen sich auf ihre angebliche „innere Emigration" und begegneten den Heimkehrern mit Misstrauen, oft auch mit offener Feindseligkeit.

Walter von Molo[2] und Frank Thiess[3] etwa verteidigten ihr Bleiben in Nazideutschland und warfen den emigrierten Kollegen vor, in den „Logen und Parterreplätzen" des Auslands bequem überwintert zu

---

[1] dt. Dichter (1886–1941)
[2] dt. Schriftsteller (1880–1958)
[3] dt. Schriftsteller (1890–1977)

haben. Auch die jungen Autoren der Gruppe 47[1] um Hans Werner Richter[2] mochten von den meist schon in der Weimarer Republik groß gewordenen Kollegen nichts wissen. Sie wollten unter sich bleiben, die Literatur neu erfinden und sich nicht mit den Schicksalen der von den Nationalsozialisten verjagten Autoren belasten – ob sie nun Kesten, Döblin oder Zuckmayer[3] hießen. Das war vielleicht die bitterste Erfahrung der Rückkehrer: einmal Emigrant, immer Emigrant.

Dabei hatten sie mithelfen wollen beim Aufbau der zerstörten Heimat. Viele der ins Exil gegangenen Schriftsteller fühlten sich aufgrund ihrer Erfahrung geradezu berufen, nach quälenden Jahren politischer und moralischer Ohnmacht ein besseres Deutschland aufzurichten. Zu ihnen zählte ursprünglich auch Klaus Mann, der in seinem 1939 erschienenen Roman *Der Vulkan* die Hauptfigur Marion sagen lässt: „Ungeheure Aufgaben werden sich stellen, wenn der Albtraum ausgeträumt ist.

Wer soll sie denn bewältigen – wenn wir uns drücken?" Doch als Klaus Mann in amerikanischer Uniform nach der Kapitulation erstmals wieder deutschen Boden betrat, im zerbombten München vor den Ruinen seines Elternhauses stand, das KZ Dachau besuchte, in Augsburg die Gegenüberstellung Hermann Görings[4] mit US-

---

1 deutschsprachige Schriftsteller und Schriftstellerinnen, die sich nach dem 2. Weltkrieg für einen literarischen Neuanfang einsetzten und sich zwischen 1947 und 1967 wiederholt zum literarischen und politisch-kulturellen Austausch trafen

2 dt. Schriftsteller (1908–1993), Initiator der Gruppe 47

3 Hermann Kesten (1900–1996): in Galizien (Österreich-Ungarn) geborener, in Nürnberg aufgewachsener deutschsprachiger Schrifsteller jüdischen Glaubens, bedeutender Vertreter der „Neuen Sachlichkeit"; Alfred Döblin (1878–1957): dt. Schriftsteller jüdischer Herkunft, Autor des Romans „Berlin Alexanderplatz" (1929); Carl Zuckmayer (1896–1977): dt. Schriftsteller, Autor des Dramas „Des Teufels General" (1946), verfasste das Drehbuch zu Josef von Sternbergs Verfilmung „Der blaue Engel" (1930) nach Heinrich Manns Roman „Professor Unrat" (1905)

4 Hermann Göring (1893–1946): führender NS-Politiker, beauftragte Reinhard Heydrich 1941 mit der „Endlösung der Judenfrage", wurde im Nürnberger Kriegsverbrecherprozess 1946 u. a. der Verbrechen gegen die Menschlichkeit für schuldig befunden und zum Tode verurteilt, tötete sich vor der Vollstreckung des Urteils selbst

Journalisten erlebte, stellte sich für ihn bald heraus, dass er hier fehl am Platze war. Die Menschen, mit denen er sprach, begegneten ihm mit Unverständnis. Der Sohn des Nobelpreisträgers fühlte sich als Fremder im eigenen Land. Am Ende stand der Selbstmord. Im Bewusstsein vieler Deutscher waren die oft auch noch in den Uniformen der Sieger auftretenden Heimkehrer „vaterlandslose Gesellen", die es sich „draußen" hatten gut gehen lassen, während man daheim unter dem „Bombenterror" der Alliierten gelitten hatte. Zum Teil wirkte hier noch die Goebbels'sche[1] Propaganda nach, die von Anfang an mit starkem antisemitischen Unterton die ins Ausland geflohenen Schriftsteller und Intellektuellen als „Volksverräter" denunziert hatte.

Ost und West

Die Hoffnung vieler Rückkehrer auf eine rasche moralische Wiedergutmachung nach 1945 trog vor allem in Westdeutschland, wo der beginnende Kalte Krieg eine latent aggressive Stimmung gegen linke (aber auch andere) Kritiker der Nazis beförderte. Anders dagegen verhielt es sich in der damaligen Sowjetzone, der späteren DDR. Autoren wie Johannes R. Becher[2], Erich Weinert[3], Willy Bredel[4], Friedrich Wolf[5] und Anna Seghers[6] wurden in Ost-Berlin mit allen Ehren aufgenommen und in der SED[7] mit herausgehobenen Positionen bedacht. Auch Stefan Heym[8], gebürtig aus Chemnitz, der in der US-

---

1 Joseph Goebbels (1897–1945): Propagandachef der NSDAP, „Reichsminister für Volksaufklärung und Propaganda"

2 dt. Dichter und Politiker (1891–1958), erster Kulturminister der DDR, verfasste den Text der Nationalhymne der DDR

3 dt. Schriftsteller (1890–1953)

4 dt. Schriftsteller (1901–1964), von 1962 bis 1964 Präsident der Deutschen Akademie der Künste in der DDR

5 dt. Schriftsteller und Politiker (1888–1953), von 1949 bis 1951 Botschafter der DDR in Polen

6 dt. Schriftstellerin (1900–1983), Autorin des Romans „Das siebte Kreuz" (1942), von 1952 bis 1978 Präsidentin des Schriftstellerverbandes der DDR

7 Sozialistische Einheitspartei Deutschlands, Staatspartei der DDR

8 dt. Schriftsteller (1913–2001), ging nach anfänglicher Unterstützung zunehmend auf Distanz zur DDR-Regierung

Armee gedient hatte, ging in die DDR zurück, ebenso der Autor Stefan Hermlin[1] und der Literaturwissenschaftler Hans Mayer[2]. [...] Während Hermlin unter Honecker[3] zu einer Art Nestor[4] der DDR-Literatur aufstieg, folgte der Germanist Mayer 1963 seinem Freund Ernst Bloch[5] nach dessen schikanöser Behandlung durch die Kulturfunktionäre der SED in den Westen. Glücklich wurden aber beide nicht in der alten Bundesrepublik. Wie in den ersten Nachkriegsjahren fühlten sie sich als Außenseiter.

Enttäuschung

Es ging ihnen da nicht viel anders als Alfred Döblin, der nach seiner Rückkehr aus Amerika im Auftrag der französischen Militärregierung deutsche Bücher vor ihrer Drucklegung zu zensieren hatte. Voller Enttäuschung registrierte der Verfasser von „Berlin Alexanderplatz" bei seinen Landsleuten eine nur geringe Neigung, sich kritisch mit den zurückliegenden Jahren und den Gründen für das Elend des Zusammenbruchs auseinanderzusetzen: „Und wenn einer glaubt oder früher geglaubt hat, das Malheur im eigenen Lande und der Anblick einer solchen Verwüstung würde die Menschen zum Denken bringen und würde politisch erzieherisch auf sie wirken, so kann er sich davon überzeugen: Er hat sich geirrt."
Döblin trug schwer an dem Misstrauen und der Verachtung, die den Emigranten im Nachkriegsdeutschland entgegengebracht wurden. Carl Zuckmayer schrieb 1966 in seinen Erinnerungen an diese Jahre: „Die Fahrt ins Exil ist ‚the journey of no return'[6]." Zuckmayer immerhin gehörte zu jenen wenigen Heimkehrern aus dem

---

1 dt. Schriftsteller jüdischer Herkunft (1915–1997)
2 dt. Literaturwissenschaftler und Kritiker (1907–2001), kehrte 1963 nach einem Aufenthalt in Westdeutschland nicht in die DDR zurück
3 Erich Honecker (1912–1994): von 1976 bis 1989 Staatsratsvorsitzender (und damit Staatsoberhaupt) der DDR
4 abgeleitet von der griechischen Sagengestalt Nestor: herausragender Vertreter, Vorzeigekünstler
5 dt. Philosoph (1885–1977), wandte sich Mitte der 1950er-Jahre vom DDR-Regime ab, kehrte 1961 von einem Westaufenthalt nicht in die DDR zurück
6 (engl.) die Reise ohne Wiederkehr

Exil, die sich einigermaßen schnell in den neuen Verhältnissen zurechtfanden, „da mein Hauptinteresse den positiven Aspekten innerhalb Deutschlands gilt".
Der aus Mainz gebürtige Dichter war vom amerikanischen Kriegsministerium beauftragt worden, sich in Deutschland an der Umerziehung, der „Re-Education", zu beteiligen. In seinen regelmäßigen Berichten nach Washington verschwieg er nicht den Argwohn der Besiegten gegen ein demokratisches Parteiensystem und ihren Unmut über die Weigerung von Thomas Mann, deutschen Boden zu betreten. Mann, dessen während des Krieges von der BBC ausgestrahlten Reden an seine Landsleute in Deutschland großen Zuspruch gefunden hatten, ließ sich nach seiner Rückkehr aus den USA lieber in Kilchberg bei Zürich in der Schweiz nieder.

Unbekannt

Das Bild der in die Emigration gegangenen Schriftsteller und jener, die nach dem Krieg wieder nach Deutschland kamen, ist inzwischen verblasst. In den 60er- und 70er-Jahren wurde die Exilliteratur an den Universitäten der Bundesrepublik erstmals zum Thema, aber da lebten die meisten Exilautoren schon nicht mehr.
In der DDR erschienen zwar vielbändige Gesamtausgaben, deren Zustandekommen aber mehr dem Renommierbedürfnis des ostdeutschen Staates zu danken war als dem behaupteten Interesse an einer literarischen Renaissance. Heute tauchen die Namen aus der Exilliteratur nur noch selten auf. Sie wirken wie aus einer versunkenen Welt, an die man sich kaum erinnert. Überdauert haben nur wenige: sicherlich Thomas und Heinrich Mann, Bertolt Brecht und Alfred Döblin. Aber die anderen?
Auf sie trifft die resignative Feststellung von Walter Kiaulehn[1] zu: „Das große Schwurgericht der Literatur, das insgeheim alle fünfzig Jahre zusammentritt – keiner kann sagen, wie und wo –, verurteilt im Schnellverfahren ganze Reihen von Schriftstellern und ihre Bücher zum Tode des Vergessens ... Man erschrickt bei dem Blick zurück, wie viele auf der Strecke geblieben sind."

Aus: Wolf Scheller: Verbrannt, verbannt, vergessen. In: Jüdische Allgemeine, 9. Mai 2013

[1] dt. Journalist (1900–1968)

9. Hinweise zur Textanalyse: Textauszug

Im Folgenden werden die wesentlichen Gesichtspunkte, die es bei einer schriftlichen Analyse eines Textauszuges zu berücksichtigen gilt, entlang des Analyseaufbaus (Einleitung, Hauptteil, Schluss) stichwortartig vorgestellt.

1. Einleitung

- Autor, Titel ...
- Schwerpunkte der Novelle, allgemeine Hinweise zu den intentionalen Akzenten (Worum geht es dem Autor in seiner Novelle? Was verdeutlicht er insgesamt?)
- *kurze* Inhaltszusammenfassung des Auszugs bzw. inhaltliche Einordnung (Was geschieht kurz zuvor, was schließt sich an?)
- Festlegung der Analysemethode (aspektorientiert, linearanalytisch)

2. Hauptteil

2.1. Linearanalyse auf der Basis einer möglichen Textgliederung
   - den Aufbau kurz beschreiben (falls der Textauszug sich dazu eignet, ansonsten „von oben nach unten“ vorgehen)
   - Beschreibung und Deutung der Einzelabschnitte (Aussage zum Inhalt, zum Deutungsschwerpunkt des Abschnitts und zu den sprachlichen Auffälligkeiten, die die Deutung stützen, Überleitung zum nächsten Abschnitt)

2.2. Aspektgeleitete Analyse
   - Kennzeichnung der zu bearbeitenden Deutungsaspekte
   - Entfaltung des jeweiligen Deutungsaspekts (Aussage zum inhaltlichen Zusammenhang, in dem der Schwerpunkt relevant ist, Beschreibung der sprachlichen Besonderheiten, die die Deutung stützen, Überleitung zum nächsten Aspekt)

3. Schlussteil

- Zusammenfassung der Analyseergebnisse
- Vergleich mit dem Gesamtzusammenhang der Novelle (Was ist typisch in dem Auszug, welche neuen Akzente sind möglicherweise enthalten?)

Auch das ist wichtig:

- Bearbeiten Sie zunächst die Textvorlage mit einem Stift und planen Sie Ihren Text kurz!
- Zitieren Sie korrekt! Fügen Sie Zitate *richtig* in den Satzbau Ihres Textes ein!
- Arbeiten Sie nach Möglichkeit mit fachsprachlichen Ausdrücken (rhetorische Figuren, grammatische Begriffe ...)!
- Verlieren Sie nicht den „roten Faden"! Der Leser muss diesen nachvollziehen können!
- Vermeiden Sie Wiederholungen, die Ihren Text lediglich verlängern, aber keinen Erkenntniswert beinhalten!
- Absätze machen Ihren Text leserfreundlich!
- Beachten Sie die Regeln der Rechtschreibung und Zeichensetzung!

Bildnachweis

|Picture-Alliance GmbH, Frankfurt/M.: dpa/Rauchwetter 117; dpa/ Reuter, Helmut 83. |ullstein bild, Berlin: Boedecker, Ludwig 92; dpa 101; Imagno / Austrian Archives 68; Keystone 139; ullstein bild 132.

Wir arbeiten sehr sorgfältig daran, für alle verwendeten Abbildungen die Rechteinhaberinnen und Rechteinhaber zu ermitteln. Sollte uns dies im Einzelfall nicht vollständig gelungen sein, werden berechtigte Ansprüche selbstverständlich im Rahmen der üblichen Vereinbarungen abgegolten.